La République, c'est lui !

Éric Naulleau

La République, c'est lui !

Collection Pensée libre

Fayard

Collection dirigée par Sonia Mabrouk

ISBN : 978-2-213-73381-4
Dépôt légal : octobre 2025

Dans ce magma, il y a un butin de guerre
qui s'appelle Mélenchon. Il a fait un choix,
on revient de loin. C'était une espèce
de laïcard de dingue, il dit des choses
qu'il n'aurait jamais dites il y a quinze ans.

Houria Bouteldja, fondatrice du Parti
des indigènes de la République.

Toute interview de l'auteur se doit désormais de commencer par ce jet de tarte à la crème plus très fraîche : « Mais alors, vous n'êtes plus de gauche ? » À quoi je réponds invariablement : « Je suis toujours de gauche, mais pas de celle qui a pris sa place sous le même nom. »

Pas de celle qui a méthodiquement trahi tous les idéaux de son camp supposé. Troqué la laïcité contre l'islamisme, l'universalisme contre le communautarisme, la Résistance contre l'antisémitisme, le prolétaire contre le trans, Victor Hugo contre Rima Hassan, la cause des femmes contre la promotion du voile, Marie Curie contre une sorcière, Boualem Sansal contre Georges Ibrahim Abdallah, le capitaine Dreyfus contre Cesare Battisti, l'intérêt de la majorité contre la tyrannie des minorités, les convictions d'une vie contre un plat de lentilles. Pas de celle qui bouffait hier du curé et lèche aujourd'hui les babouches des imams intégristes (pour rester poli). Pas de celle qui est devenue aujourd'hui un parti de l'étranger et sera demain une cinquième colonne. Pas de celle qui hurle au génocide à Gaza après avoir justifié les bombardements de la population syrienne par l'aviation russe. Pas de celle qui refuse à Israël le droit de se défendre après avoir déclaré que la volonté des mollahs d'acquérir l'arme nucléaire pour éradiquer l'État hébreu « posait un problème à la civilisation humaine » et « qu'un régime théocratique est toujours un danger pour le reste de l'humanité ». Pas de la gôche. Pas des reniements massifs de Jean-Luc Mélenchon et de ses sbires. Pas des grossistes en palinodie.

Je suis de gauche, pas de gôche. L'une exclut l'autre. Non seulement inconciliables, incompatibles, irréconciliables, mais appelées à s'affronter jusqu'à extinction de l'une des fausses sœurs. La victoire de la première ou de la seconde n'empruntera pas les mêmes chemins. La victoire de la première ou de la seconde n'entraînera pas les mêmes conséquences.

Les représentants de la gôche, et en premier lieu de La France insoumise, vivent sur le fantasme révolutionnaire comme des vautours sur la chair putride d'une carcasse que l'on distingue mal du grouillement des vers. Partisans de la violence politique, adorateurs des lames biseautées, tous patients du docteur Guillotin (« Dites 1793... »), vampires diurnes, croyants des dieux du carnage, ils se tournent vers les vieilles lunes sanglantes comme certaines fleurs vers le grand soleil. D'abord faire table rase, puis renverser la table elle-même afin que naisse un monde nouveau peuplé d'hommes nouveaux. Rêve poursuivi du stalinisme, du nazisme et du maoïsme, par ordre d'apparition à l'écran. Soldes d'hiver de la pensée, tout doit disparaître. La gauche (nous y sommes presque), la République, la France, la civilisation. L'une des plus récentes facéties de Jean-Luc Mélenchon consiste à proposer de ne plus parler de « langue française », au motif que ses locuteurs sont en majorité étrangers.

Et de décréter à la tribune : « Les Français de souche, c'est terminé ! »

Et de considérer que l'ensemble de nos traditions n'a plus de place que dans les poubelles de l'Histoire.

Et de fournir le carburant idéologique à un antisémitisme dont le déchaînement quotidien poursuit, certes par d'autres moyens, le même objectif que les décrets pétainistes ou les lois nazies, à savoir l'exclusion des Juifs de l'espace public. À savoir la fin de l'alliance entre les Juifs et la France, l'un des piliers de notre identité – que les Insoumis entendent scier à la base, tout comme des voyous qu'ils avaient peut-être inspirés le firent avec un olivier planté à la mémoire d'Ilan Halimi.

Et de se réclamer à nouveau de la créolisation théorisée par l'écrivain martiniquais Édouard Glissant, ce charlatan d'un fatras pseudo-humaniste qui dissimule mal la volonté d'éradiquer tout sentiment d'identité, d'appartenance ou d'enracinement, jugé au mieux réactionnaire (sauf s'il est éprouvé par un « racisé », bien entendu, comme dans le cas de Christiane Taubira qui déplorait en 2007 : « Nous sommes à un tournant identitaire. Les Guyanais de souche sont devenus minoritaires sur leur propre terre. »). Projet au service duquel une complicité s'est nouée entre une partie des élites, la pire racaille et les banlieues islamisées. Afin que le message entre bien dans les têtes toujours trop blondes, les concepteurs de la cérémonie d'ouverture des Jeux olympiques de Paris, parmi lesquels l'historien Patrick Boucheron, ont ainsi pris soin de faire chanter Aya Nakamura en volapük devant l'Académie française (accompagnée par la Garde républicaine, raffinement destiné aux mal-comprenants idéologiques). L'occasion de vérifier une nouvelle fois les conditions du marché de dupes proposé sous le nom de « métissage », ce mot dont se gargarisent les mélenchonistes, ce phénomène gagnant-gagnant selon Édouard Glissant. Mais quel est donc le gain pour la langue française de « Hello papi, mais qué pasa ? (Mais qué pasa ?) (...)/J'entends des bails atroces sur moi/ Oh, Djadja/Y a pas moyen, Djadja/J'suis pas ta catin, Djadja, genre, en catchana baby, tu dead ça » ? Cette mise en scène de l'effacement d'une langue commune au profit de ses marges (et à la barbe de ses gardiens vêtus de vert) participe d'une volonté de liquidation du monde ancien. En remerciement de ses bons services déjà fort bien rémunérés, Thomas Jolly, chorégraphe de Paris 2024, s'est vu offrir l'un des innombrables fromages de la République, à savoir la présidence de la commission du fonds d'aide au jeu vidéo du CNC. Où il pourra tout à son aise continuer d'œuvrer à la crétinisation générale par le développement d'armes de distraction massive. Puisque tel est le but ultime, asseoir la domination de la göche sur une société post-littéraire et une population dégringolée au trente-sixième dessous de l'abêtissement par suite de l'effondrement du niveau scolaire et intellectuel. L'exact contraire, en somme, du projet d'émancipation par la culture et l'instruction qui fut l'honneur de la gauche, des hussards noirs de la République au

Premier Homme[1] de Camus. Dans l'académie de Créteil, une note de 6 sur 20 suffit aujourd'hui pour accéder au concours des professeurs des écoles.

La contribution de la racaille au métissage est plus spectaculaire encore. Elle prend pour symbole la machette, instrument de mort importé de lointains ailleurs sous nos latitudes pour enrichir la panoplie de tueurs toujours plus jeunes, l'équivalent des enfants-soldats qui sévissent en Afrique. Le métissage, du moins tel qu'entendu dans sa vulgate insoumise, vaut synonyme dans les faits d'une disparition de la population d'accueil. Vérification faite avec l'occupation violente et destructrice du centre de Paris par des hordes barbares venues de banlieue lors de la dernière fête de la Musique. Le trop fameux « vivre-ensemble », expression déjà pénible par son humanisme sirupeux, ne saurait désormais être utilisé sans intention ironique quand aucun parent responsable, le 21 juin venu, ne peut autoriser une adolescente à sortir s'amuser dans certains quartiers d'une capitale en voie de tiers-mondisation.

Reste le troisième pilier du projet gôchiste, à savoir l'islamisme. L'irruption de Rima Hassan

1. Albert Camus, *Premier Homme*, Gallimard, 1994.

sur la scène politique est la dernière et décisive manœuvre en date pour trouver les quelques centaines de milliers de voix qui ont manqué à Jean-Luc Mélenchon pour accéder au second tour de la dernière présidentielle. Un électorat de substitution auquel s'adressent à présent exclusivement les têtes d'affiche de LFI, Gaza devenue capitale du Vieux Continent lors des plus récentes élections européennes où Rima Hassan n'eut d'autre slogan que « La Palestine de la rivière à la mer » (cri de ralliement qui ne signifie en vérité rien de moins que « Mort aux Juifs ! ») et exprima toute sa sympathie envers les terroristes du Hamas. Sous couvert d'un mouvement de libération, cette organisation vise en réalité à l'instauration d'un nouveau califat régi par la charia. Les islamistes de tous poils de barbe voient donc dans la nouvelle stratégie insoumise une occasion inespérée d'imposer leurs vues au Proche-Orient et un jour en France, terre de conquête. L'éternité est à eux. Là où le bât blesse pour tous leurs idiots utiles au sein de la gôche, c'est que l'islamisme, tout comme le métissage ou le règne advenu de la racaille, suppose la disparition (ou à tout le moins la soumission) des précédents locataires de la maison France. Les premiers dindons de la farce (et de la force) seront d'évidence les militants LGBT,

« Queers for Palestine » et autres « Poulets for Fried Chicken » dont les homophobes rabiques de l'islamisme se débarrasseront selon les méthodes en vigueur à Gaza, c'est-à-dire en les précipitant du haut d'un immeuble. La dernière étape a été annoncée par Rima Hassan elle-même lors d'un meeting tenu à Montreuil au printemps 2024 : « L'antiracisme a besoin de voix et de visages incarnés et non pas de porte-parole éloignés de ses réalités. Cette époque du porte-parolat est révolue. Tout ce qui est fait sans nous est fait contre nous. » Sur le visage de Mathilde Panot, présente à la tribune au côté de la nouvelle égérie de Jean-Luc Mélenchon, se peignit la même stupéfaction que chez Nicolae Ceauşescu le 22 décembre 1989 au balcon du palais présidentiel, quand un mouvement de foule lui fit comprendre que tout était fini pour lui et qu'il allait sortir de l'Histoire. Les révolutionnaires blancs doivent à présent céder la place à leurs frères de couleur, Mathilde Panot à Rima Hassan, Raquel Garrido à Aly Diouara, Louis Boyard à Mamadou Traoré. Et si ces mystères les dépassent, les victimes des purges pourront toujours feindre d'en être les organisateurs – selon le journal *Marianne*, Frédéric Piquemal, candidat LFI à la mairie de Toulouse, aurait déclaré : « Pas de babtous en tête de ma liste. »

La gôche place son énergie au service du nihilisme, d'une démolition de la France, dont il ne restera pas ici pierre sur pierre qui ne soit renversée, pour citer saint Matthieu. Ni sa population d'origine ni sa langue, pas davantage son présent que son passé – Jean-Michel Aphatie, manière d'intellectuel organique de LFI, comme on parle d'engrais organique, ayant proposé de raser le château de Versailles afin que notre pays expie sa grandeur. Non plus que son avenir, celui d'un désert sur lequel un grand soleil vert dardera ses rayons impitoyables.

Dans le plus récent livre édité par l'Institut La Boétie, ce laboratoire d'idées de l'anti-France, le dirigeant non élu de La France insoumise et une vingtaine de collaborateurs (mot à entendre en toutes ses acceptions) proclament officiellement le grand remplacement : « Nouveau peuple, nouvelle gauche. » M. Mélenchon, croyez-vous vraiment que la France et les Français vont se laisser mourir sans réagir ?

Éric Naulleau

D'une émission...

Sur le plateau d'« On n'est pas couché », en ce 24 avril 2010, Jean-Luc Mélenchon ne mâche pas ses mots. Le débat porte sur la récente décision du NPA de présenter une femme voilée aux élections régionales, à quoi l'invité du fameux talk-show avait déjà réagi sur une autre chaîne en déclarant : « Lorsqu'on veut être élu, il faut pouvoir représenter tout le monde, c'est donc une erreur de se présenter à une élection en affichant une appartenance religieuse qui rend impossible cette représentation du souverain dans son ensemble. » Mais ce soir-là, il hausse encore le ton. À toutes les personnalités de gauche, d'Olivier Besancenot à Benoît Hamon, qui dénoncent la stigmatisation d'Ilham Moussaïd, la candidate du parti trotskiste, il rétorque que « ces gens se stigmatisent eux-mêmes ». Tout comme en 1989 avec l'affaire des collégiennes voilées de Creil, la gauche se sépare en deux camps sur la question de la laïcité. Vingt ans plus tard, Mélenchon choisit de nouveau le bon côté. Et enfonce le clou d'une tirade bien sentie, confondant dans la même diatribe la question du voile et celle de la burqa, entre lesquelles il n'établit aucune distinction : « Est-ce un traitement dégradant, oui ou non ? Si c'est un traitement dégradant, alors c'est interdit. Ici, c'est la République. Je considère que c'est un traitement dégradant et une provocation de certains milieux intégristes contre la République. » Ne se trouverait-il qu'une femme voilée dans tout le pays, ce serait encore une de trop, insiste-t-il, on ne saurait montrer trop de fermeté « pour empêcher une absurdité, qu'une femme considère qu'elle est un enjeu, un gibier, qu'un homme ne peut la regarder qu'avec un œil de prédateur. C'est une idée obscène ». Je monte alors au filet pour une relance en lui demandant quel message il souhaite adresser aux femmes qui déclarent porter la burqua de leur plein gré. Réponse immédiate et sans détour : « En République française, les hommes et les femmes sont égaux, j'ai le droit de te regarder dans les yeux. On va vivre ensemble, on ne se trimballera pas ces fantômes qui se promènent dans la rue. »

Vu depuis 2024 et des trahisons à venir, le plus beau reste à espérer. Non seulement Jean-Luc Mélenchon appelle de ses vœux une loi sur l'interdiction de la burqa, mais souhaite que le futur texte punisse également les personnes qui refusent d'être soignées par un médecin du sexe opposé, prohibe les horaires séparés dans les piscines et, de manière plus générale, toute concession au communautarisme. Caroline Fourest, autre invitée du soir, opine du chef avec enthousiasme : « Ça fait du bien de trouver des gens de gauche qui reprennent ce drapeau, même si Jean-Luc Mélenchon ne l'a pas abandonné. » Tout juste si Jean-Luc et Caroline ne s'embrassent pas sur la bouche – le premier nommé ne tardera cependant pas à se torcher avec l'étendard qu'il fait encore claquer ce soir-là contre les vents mauvais de l'islamisme. En attendant, le camp laïc présente un front uni, le futur lider minimo se tient droit dans ses bottes luisantes de cirage républicain, parle haut et fort sans jamais perdre le contrôle de ses propos, à peine relevés d'une pointe de gouaille à la Georges Marchais. Pas le moindre nuage ne vient assombrir un horizon politique bien dégagé aux yeux de tous – quand Jean-Luc Mélenchon affirma d'emblée qu'il ne serait pas candidat à la présidentielle de 2012, la totalité des personnes du Moulin-Rouge en déduisit immédiatement qu'il le serait à coup sûr. Bref, tout va bien. Ou presque.

Car nous aurions dû accorder davantage d'importance à un incident évoqué en début d'émission sur un mode rigolard. Interrogé quelques jours plus tôt par un étudiant en journalisme, le patron du Parti de gauche s'en était pris au *Parisien* en reprochant à ce quotidien d'avoir consacré sa une au sujet de la réouverture des maisons closes. Le jeune homme eut le malheur d'insister sur cette critique, s'attirant en retour une bordée d'injures choisies, de « petite cervelle » à « refoulé politique de la petite bourgeoisie » en passant par « tête pourrie » et « représentant d'une sale corporation voyeuriste et vendeuse de papier ». Charge conclue d'une invitation par le geste et la parole à se taire et aller s'entretenir plus loin « avec des gens qui veulent répondre à la merde. »

À propos de la candidature d'Ilham Moussaïd dans la région PACA, le porte-parole du NPA avait déclaré :

« Il y a une fille qui porte un léger voile sur la liste du Vaucluse. » Ce soir-là, un homme portait lui aussi un léger voile sur la liste des invités. Un voile encore invisible qui ne tarderait pas à tout brouiller, l'équilibre psychique comme les convictions.

... à l'autre

Dans le studio attenant au plateau de « Balance ton post ! », en ce 12 février 2021, Jean-Luc Mélenchon est tout sourire. Ça ne va pas durer. Après l'avoir remercié de sa présence et lui avoir même confié sa grande tendresse, Cyril Hanouna met sans tarder les pieds dans le plat. Un rappel des faits s'impose. Un an et demi plus tôt, l'invité de Baba avait expliqué la lourde défaite du travailliste Jeremy Corbyn, en Grande-Bretagne, par l'intervention d'un lobby juif. Plus précisément, celle du grand rabbin d'Angleterre et de « divers réseaux d'influence du Likoud ». Il entendait pour sa part ne point subir le même sort, refusant par ailleurs « toute génuflexion devant les ukases arrogants des communautaristes du Crif ». De quoi instruire un procès en antisémitisme dont l'animateur se fait l'écho d'entrée de jeu. Crispation de l'invité, défense brouillonne. Évanouie, envolée, oubliée, l'aisance dont il faisait preuve lors de son passage à « On n'est pas couché ». Le visage encore avenant du samedi soir a cédé place au masque grimaçant du jeudi soir, travaillé à fleur de peau par les passions mauvaises, soufflé d'ambition recuite. Un proverbe espagnol affirme qu'à partir de 40 ans, on a la gueule qu'on mérite. Il faut parfois s'en remettre à la sagesse populaire, surtout quand elle nous arrive du pays des ancêtres de M. Mélenchon.

En compagnie des chroniqueurs de « L'After », l'émission que je suis chargé d'animer en seconde partie de soirée, j'assiste à la scène sur l'écran d'une télévision installée dans les coulisses. Si je suis absent pour la première fois de « Balance ton post ! », c'est parce que Jean-Luc Mélenchon a exigé qu'il en soit ainsi. Sujet justement abordé par Cyril Hanouna après celui de l'antisémitisme supposé de son interlocuteur : « Vous avez souhaité qu'Éric Naulleau ne soit pas présent. » Qui prend ensuite les téléspectateurs à témoin : « Je vous promets que c'est la seule demande de Jean-Luc Mélenchon, il ne m'a rien demandé d'autre. Il m'a dit qu'il voulait être en direct, prêt à discuter de tous les sujets avec les chroniqueurs de notre choix, sauf Éric Naulleau ». La parole est à la défense. Et à l'accusation en même temps dans la grande tradition des procès totalitaires, membre de l'Organisation communiste internationaliste un jour, membre de l'Organisation communiste internationaliste toujours. Plaidoyer ou réquisitoire confus d'où il ressort que je suis un contradicteur « extrêmement agressif », spécialisé dans « les charges haineuses », qu'un seul intervenant dans mon genre au milieu de dix autres suffirait à perturber les échanges (« L'eau, liquide si impur, qu'une seule goutte suffit à troubler l'absinthe », disait Alfred Jarry. « Naulleau, chroniqueur si impur, qu'une seule goutte de salive suffit à troubler les débats », paraphrase en quelque sorte Mélenchon). Même si, grand prince, il me reconnaît le droit d'être en désaccord avec lui – pourvu que je m'exprime depuis les loges de l'émission ou le canapé de mon salon.

Il est assez étrange d'entendre parler de soi, surtout dans les termes cités, quand on se trouve réduit au silence à quelques dizaines de mètres du détracteur qui a obtenu votre annulation. Ce qui n'empêche pas d'écouter et de s'instruire. Mis en difficulté par Laurence Sailliet au sujet de son opposition à la loi sur le séparatisme alors en discussion, Jean-Luc Mélenchon ne trouve rien d'autre à lui répondre, sinon quelques contre-vérités de beau calibre, que de désigner aux téléspectateurs son « vilain visage crispé ». Galanterie à la française, quand tu nous tiens... La loi citée entend pourtant « apporter des réponses au repli communautaire et au développement de l'islamisme radical, en renforçant le respect des principes républicains ». Soit le cheval de bataille enfourché par le même homme dix ans plus tôt lors de sa participation à « On n'est pas couché ». Les législateurs paraissent même répondre à la préoccupation qu'il avait alors exprimée au sujet des horaires séparés dans les piscines, puisqu'il est question de renforcer « le contrôle sur les actes des collectivités locales qui porteraient gravement atteinte à la laïcité ou à la neutralité dans un service public (cantine, équipements sportifs...) ». Tout pour lui plaire, en théorie. Mais le cavalier a entretemps changé de monture. Ou les mouches ont changé d'âne, si on préfère. Il estime désormais que son rôle « n'est pas de se prononcer sur le règlement intérieur des piscines françaises ». De son propre aveu, la question du burkini le soûle. Au cours de l'échange avec Agathe Auproux, on apprend en outre avec surprise de sa bouche que rien n'est plus humiliant pour une femme voilée que d'en faire le symbole d'une soumission à l'ordre masculin – l'exact opposé des propos tenus dans l'émission de Laurent Ruquier. Mieux même, à l'en croire, le séparatisme n'a aucun, mais alors aucun rapport avec l'islamisme et tout à voir avec la situation en Alsace-Moselle où, régime du concordat oblige, l'État rémunère les ministres du culte. Ou encore avec les quartiers aisés dont les habitants pratiquent l'entre-soi. Encore un peu, nous aurions droit au récit éprouvant d'un attentat suicide commis par un curé de Schiltigheim ou d'un raid de tueurs issus de la grande bourgeoisie dans les locaux de *Charlie*.

L'émission touche à sa fin, mes chroniqueurs et moi-même sommes priés de nous tenir en lisière du plateau afin de faciliter la transition entre les deux émissions. J'étais déjà aux premières loges, j'occupe à présent une place dans le Carré Or pour entendre Jean-Luc Mélenchon et Raquel Garrido réciter leur nouvel évangile islamogauchiste et se féliciter que mon éviction ait permis la tenue d'un débat de qualité. De fait, il est moins risqué d'échanger avec une élue de son propre parti qu'avec un contradicteur résolu à en découdre dans les règles du dialogue télévisuel. Comme d'habitude, Raquel Garrido joue bien son rôle, celui d'un bon petit soldat de la Mélenchonie. Elle exerce tantôt dans le génie, qui désigne ici non pas une intelligence dont elle fournit très peu de signes extérieurs, mais plutôt ses tentatives répétées de dynamiter les programmes que j'anime, soit en réclamant de prendre ma place, soit en interrompant sans cesse les débats d'une voix tonitruante qui lui a valu le surnom de « la poissonnière de Valparaiso », par allusion à sa ville natale. Placé trop près de la source de décibels, le malheureux Karim Zeribi en donnait l'impression d'avoir contracté une migraine chronique. Une stratégie exposée en toute franchise dans son *Manuel de guérilla médiatique* paru en 2018. Un essai qu'elle était venue défendre chez « Zemmour & Naulleau », le talk-show où j'officiais en compagnie de mon vieux complice et ami, et qui m'est resté en mémoire moins pour son contenu[1] qu'en raison des excuses présentées par l'attachée de presse quant à la parfaite nullité de l'ouvrage en question. Du jamais ouï dans l'histoire de la promotion d'un livre. Tantôt dans le génie, disait-on, tantôt dans l'intrigue de palais pas très élaborée, puisqu'elle consiste à se prosterner plus bas que terre pour baiser en toute occasion les babouches du calife, sinon dans l'espoir de

1. Je me montre ici peut-être injuste. À force de concentration, me reviennent à l'esprit trois des conseils dispensés par notre experte en stratégie médiatique. D'abord se tenir prêt à répondre sur-le-champ à toute sollicitation d'une chaîne de télévision. Ensuite, se maquiller et s'habiller avec soin. Enfin, prendre la parole et ne pas la lâcher. Où l'on voit que *L'Art de la guerre* de Sun Tzu ou *Des principes de la guerre* de Clausewitz lui doivent beaucoup.

prendre sa place, tout le monde connaît les mésaventures d'Iznogoud, du moins dans le but de conserver ses bonnes grâces. Et à mettre ses pas dans les pas de son père politique, ce qui fut fait en matière d'antisémitisme au début de l'année 2020, toujours dans « Balance ton post ! », lorsque l'insoumise commenta l'opposition de Jean-Michel Blanquer au port du voile chez les accompagnantes scolaires. Elle avait alors déclaré que celui-ci eût-il émis le même avis au sujet de la kippa, il ne serait plus ministre de l'Éducation nationale. Le lobby juif, encore le lobby juif, toujours le lobby juif. Ce lobby juif dénoncé par François Mitterrand auprès de Jean d'Ormesson, son ultime visiteur à l'Élysée, quelques heures avant la passation de pouvoir avec Jacques Chirac. Jean-Luc Mélenchon n'a décidément retenu du plus florentin des Français que le plus fâcheux ou le plus anecdotique. Au point, dans ce dernier registre, de singer un temps son apparence, chapeau sur la tête et écharpe rouge autour du cou. Au point d'imiter ses poses du haut des tribunes à discourir, ce qui lui vaut une réputation passablement usurpée de grand orateur, quand il ne fait que manier des ficelles aussi épaisses que des câbles d'amarrage et user de trucs dignes d'un bonimenteur stagiaire préposé à la vente d'épluche-légumes devant les Galeries Lafayette.

Toujours est-il que du côté de l'extrême gauche, le fiel de l'antisémitisme se mêle souvent à la salive des discours. Toujours est-il que du côté de l'extrême gauche, le fiel de l'antisémitisme se mêle souvent à l'encre des éditoriaux. Toujours est-il que du côté de l'extrême gauche, on a souvent l'antisémitisme dans le sang. Et mauvais sang ne saurait mentir. Une vidéo fit un jour le tour des réseaux, on y voyait et entendait une des filles de Raquel Garrido déclarer poétiquement : « J'suis antisémite, j'm'en bats les couilles et j'assume ! » Exquise esquisse, délicieuse enfant. Qui entendit joindre le geste à la parole en appelant publiquement à « casser du sioniste ».

Deux ans tout juste plus tard, Raquel Garrido serait victime d'une purge au sein de la France insoumise, une éviction qu'elle accueillerait avec moins de décontraction que la mienne, au point de livrer un violent réquisitoire contre son ancien maître, ses méthodes et son refus d'écouter des avis opposés au sien, son refus d'écouter des avis tout court[1]. Il en va des babouches comme des chewing-gums, à force de les mâchouiller, elles finissent par perdre leur goût.

1. Tentative de puputsch sanctionnée par quatre mois de suspension, même peine que celle infligée précédemment à Adrien Quatennens. En France insoumise, un tarif unique et forfaitaire est pratiqué pour la lèse-majesté ou les violences conjugales.

Une dernière fois pour la route, les compères insoumis se félicitent à haute voix de mon annulation avant de prendre congé. Il est toujours aussi étrange d'entendre parler de soi sans pouvoir répondre quand ceux qui vous débinent se trouvent à portée de voix. Ou faudrait-il écrire à portée de main ? Car un incident tout à fait inattendu va se produire. En allant prendre ma place d'animateur, je croise l'invité d'honneur et lui lance au passage : « Bonsoir, Monsieur Mélenchon. Et surtout, vive la liberté d'expression et vive le débat démocratique ! » Piqué au vif, l'interpellé se rue vers moi en vociférant et se penche par-dessus la table qui nous sépare dans l'intention évidente de s'en prendre physiquement à moi. Attitude à ce point menaçante que Bernard Laporte, de service dans l'émission précédente, revient sur ses pas et se prépare à intervenir. Je vois rouge, contourne l'obstacle placé entre moi-même et le maître censeur. Qui n'écoute que son courage et fuit à pas pressés en m'adressant quelques signes de la main méprisants.

Interrogé par Christine Kelly au début de « L'After » sur ce que je souhaiterais dire à Jean-Luc Mélenchon au sujet de mon éviction, je réponds qu'un futur président de la République qui craint de m'affronter ne risque guère de tenir tête à Vladimir Poutine. Ni même à

Emmanuel Macron, ce qui s'était d'ailleurs vérifié en septembre 2018 lors d'une rencontre fortuite entre les deux hommes à Marseille. Après avoir roulé des mécaniques à distance, accusé quelques heures plus tôt le président de la République de xénophobie, la grande gueule se liquéfie, s'aplatit façon carpette, nie être l'auteur des propos tenus le jour même et va jusqu'à promettre au locataire de l'Élysée de lui faire cadeau d'une belle carte de la Méditerranée. Quand plus tard encore, Jean-Luc Mélenchon se fera fort de régler le conflit russo-ukrainien en allant parler au dictateur du Kremlin, on comprendra mieux ce que cela aurait signifié : en plus de la Crimée et du Donbass, il lui aurait offert la Géorgie, quelques départements français, la tour Eiffel et le cul de la crémière.

La chute

Un gouffre sépare le 24 avril 2010 du 12 février 2021, un abîme au fond duquel gisent les convictions d'un homme politique jadis respectable et à présent déshonoré. Une moitié d'existence bradée au nom d'une ambition dévoyée, d'un plan de carrière placé sous le signe du pur cynisme. Selon Jules César, mieux valait être le premier dans son village que le second à Rome. Selon Jean-Luc Mélenchon, mieux vaut être le premier à Saint-Denis que le trentième à Solferino. Mieux vaut fonder un parti au fonctionnement autoritaire que d'observer le pouvoir suprême depuis le strapontin d'un ministre délégué à l'Enseignement professionnel – fonction qu'il exerça entre 2000 et 2002, fonction si prestigieuse que le maroquin fut immédiatement supprimé après son départ. Mieux vaut fonder un parti à sa main que d'essayer de prendre la tête d'une formation historique comme le PS. Battu à plates coutures au congrès de Brest par François Hollande pour le poste de premier secrétaire, Jean-Luc Mélenchon reprocha ensuite à ce dernier ne pas avoir respecté leur accord qui prévoyait… de gonfler artificiellement leurs scores respectifs ! Pour éviter le bourrage des urnes, le plus simple restait encore de supprimer les urnes.

Ancien de la maison insoumise, en charge de l'école de formation des militants, Thomas Guénolé a confirmé que l'heure n'était plus à s'encombrer du moindre pluralisme, que le bébé de la démocratie avait été jeté en même temps que l'eau des courants du parti socialiste :

> À l'heure où j'écris ces lignes, la gauche française bascule sous l'hégémonie d'une force politique au fonctionnement antidémocratique : la France insoumise de Jean-Luc Mélenchon. Il faut croire qu'en ce qui concerne la dangerosité d'une gauche autoritaire, les grandes leçons politiques du XXe siècle n'ont pas été retenues en ce début de XXIe siècle[1].

Ne restait plus, pour le même, qu'à décliner toute précaution oratoire afin d'appeler un chat un chat :

1. « Pourquoi le fonctionnement de La France insoumise est antidémocratique », *Figarovox*, 3 mai 2022.

Peut-on aller jusqu'à qualifier la France insoumise de mouvement au fonctionnement dictatorial ?

Jean-Luc Mélenchon n'a jamais été élu dirigeant de la France insoumise. Il s'est autoproclamé tel.

Jean-Luc Mélenchon n'a jamais été démocratiquement désigné candidat de la France insoumise à l'élection présidentielle lors d'un vote départageant plusieurs candidats. Il s'est autoproclamé tel.

Aucun cadre de la France insoumise n'a été élu. Ils ont tous été nommés, généralement sans que l'on puisse déterminer précisément par qui. Par exemple, lorsqu'Adrien Quatennens est devenu coordinateur de la France insoumise, les militants en ont été simplement informés, et la députée LFI Clémentine Autain a déclaré à l'époque ignorer qui l'avait désigné à cette fonction.

Des dictatures auxquelles il voue tant d'admiration, sur laquelle nous aurons l'occasion de revenir, Jean-Luc Mélenchon n'a donc pas même retenu le souci de ménager les apparences. Il s'inspire pourtant de leurs méthodes pour châtier la dissidence – le poète avait dit la vérité, il dut être exécuté. Ce qui fut accompli ou presque, d'abord, sous forme d'une accusation bidon de harcèlement sexuel contre Thomas Guénolé, puis d'une tentative de censure préalable de son ouvrage intitulé *La Chute de la maison Mélenchon*[1]. Ceinture et bretelles, les actions légales combinées aux basses œuvres des officines spécialisées dans le montage de dossiers et les rumeurs infamantes contre les opposants politiques. Du trotskisme au stalinisme, on connaît le chemin. Les mêmes méthodes de barbouze furent appliquées à Georges Kuzmanovic, autre compagnon de lutte tombé en disgrâce pour avoir lui aussi dénoncé l'absence totale de démocratie au sein du mouvement et contesté la ligne officielle :

> Pour avoir tenté, sans relâche, d'imposer la ligne sociale, laïque et républicaine [...] j'ai été la cible d'une campagne d'attaques, de calomnies et d'intimidations. Ayant exigé d'être entendu sur ce point par le comité électoral, je me suis vu signifier mon exclusion de la liste. Le lendemain, j'ai eu la surprise d'en découvrir les raisons officielles : mon adhésion à l'idée d'une hiérarchisation des luttes – que j'assume – et une petite insinuation diffamante toujours porteuse – j'aurais fait des « remarques sexistes » dont j'attends la preuve.

Mêmes procédés envers François Cocq, encore un fidèle de la première heure, banni des insoumis en

1. Thomas Guénolé, *La Chute de la maison Mélenchon*, Albin Michel, 2019.

2019 par un simple tweet de Jean-Luc Mélenchon. Qui lui reprochait son « nationalisme » et d'avoir usurpé un titre d'« orateur national » dont l'intéressé lui-même ignorait comment il lui avait échu, nouvelle illustration du fonctionnement opaque jusqu'à l'absurde d'un parti qui ne cesse de réclamer plus de démocratie à l'extérieur et ne connaît en interne qu'une seule règle : le bon vouloir de son dirigeant autoproclamé.

À l'occasion d'une conférence de presse restée célèbre, le général de Gaulle demanda aux présents :

« Pourquoi voudriez-vous qu'à 67 ans, je commence une carrière de dictateur ? » À 65 ans, Jean-Luc Mélenchon estime qu'il est temps de commencer la sienne – création en 2016 de la France insoumise. Il s'agit de faire oublier le long cours tranquille d'une carrière de notable politique – cela fait longtemps que notre révolutionnaire proclamé n'a tenu d'autres couteaux entre les dents que ceux de la cantine du Sénat, où l'on mange fort bien pour des additions dérisoires. À propos d'addition : 15 + 24 + 2 + 8 + 5 = 54. Soit le nombre d'années cumulées des mandats locaux, nationaux et européens exercés par le candidat antisystème. Encombrant CV dont il convient de faire table rase. La République est certes bonne fille, mais si quelqu'un s'avisait de reprocher à Jean-Luc d'avoir abusé de ses faveurs ? Ou de déterrer les anciennes déclarations d'amour de l'europhobe prétendument convaincu pour le traité de Maastricht : « C'est la réalisation d'une étape décisive vers l'union politique de l'Europe. Le marché unique devenant une réalité à partir de 1993, les questions qui se posent désormais sont celles du pouvoir politique et de la citoyenneté. Dans ce domaine, il est incontestable que le traité de Maastricht nous fait avancer d'un pas. » D'ailleurs, qu'on se le dise : « Le rejet du traité de Maastricht au nom d'une critique anticapitaliste de la construction européenne procède d'un profond contresens. » Mais si le contresens est devenu le bon sens et inversement, quelle est la juste voie à emprunter ? Ce n'est pas la girouette qui tourne, c'est le vent, nous sommes d'accord avec Edgar Faure – mais la veste ?

D'où la nécessité de faire oublier tout ce qui précède par l'affichage toujours plus ostentatoire de convictions toujours plus radicales, de la même manière que nulle ne se montre plus sourcilleuse sur le chapitre de la vertu qu'une ancienne putain passée du bordel au couvent.

Puisque le peuple vote contre Mélenchon, il faut dissoudre le peuple

Le Dr Jekyll de la République s'était donc transformé en M. Hyde de l'islamogauchisme. Métamorphose moins explicable par la force des convictions, nous avons vu que Jean-Luc Mélenchon en change d'une émission à l'autre, d'une décennie à l'autre, que par un froid calcul électoral. Car entre le 24 avril 2010 et le 12 février 2021, un événement considérable était survenu, sous les apparences anodines d'une note du think-tank Terra Nova, laboratoire d'idées proche du PS dont le but est « de produire et diffuser des solutions politiques innovantes en France et en Europe ». Ça, pour innover... Intitulée *Gauche : quelle majorité électorale pour 2012 ?*, elle proposait tout bonnement de substituer au traditionnel électorat populaire de la gauche, coupable de mal voter, c'est-à-dire de voter à l'extrême droite, une coalition hétéroclite formée des populations issues de l'immigration, des progressistes et des minorités sexuelles. Un adieu à la classe ouvrière exprimé en des termes d'un cynisme sans pareil. Il lui est non seulement reproché un conservatisme « sur le plan des mœurs, qui demeurent des sujets de second plan par rapport aux priorités socioéconomiques », c'est-à-dire de privilégier l'essentiel par rapport au secondaire, mais aussi de manifester des réactions de repli « contre les immigrés, contre les assistés, contre la perte de valeurs morales et les désordres de la société contemporaine », c'est-à-dire de préférer le travail au chômage, la moralité à l'immoralité, l'ordre au désordre. Salauds de pauvres !

Jean-Luc Mélenchon et ses affidés suivront à la lettre les recommandations de Terra Nova. Et procéderont au remplacement poste pour poste, comme on dit au football, des prolétaires d'autrefois par les immigrés d'aujourd'hui, des damnés de notre terre par les damnés d'une autre terre, de la majorité par les minorités. Pour ce qui est de ces dernières, le tour de passe-passe ne présente aucune difficulté particulière. Il suffit de soutenir le mariage pour tous, la PMA pour toutes, l'inscription de l'IVG dans la Constitution et feindre d'ignorer que la GPA est une extension de la marchandisation du monde aux utérus, l'exploitation de femmes pauvres du Sud par des hommes riches du Nord, l'application du capitalisme le plus violent dissimulé sous les dehors du progressisme. « Le seigneur est mon berger », bêle d'une seule voix cette nouvelle gauche. Mon Pierre Bergé, plus précisément, auteur de l'inoubliable sentence : « Moi, je suis pour toutes les libertés. Louer son ventre pour faire un enfant ou louer ses bras pour travailler à l'usine, quelle différence ? » On n'arrête pas le progressisme, c'est même à ça qu'on le reconnaît. Et on ne donne jamais assez de gages au nouvel électorat à séduire. Le show grotesque, accablant de vulgarité, d'une drag-queen à moustaches est-il imposé au public familial d'un parc lyonnais que l'élue LFI Aurélie Gries monte au créneau pour fustiger les réactions hostiles à cette exhibition : « La droite réactionnaire se pose ainsi dans le camp de la transphobie et de la censure artistique. » Pour ce qui est de la droite réactionnaire, on ne sait pas, mais l'homme de gauche à l'ancienne se gratte la tête sous sa casquette en constatant que, parmi les symboles de son camp idéologique, les faucilles ont cédé place aux faux cils. Pour ajouter à sa perplexité, les députés de la France insoumise ont déposé en juillet 2023 une proposition de loi pour réclamer l'ouverture de la PMA aux hommes transgenres nés biologiquement femmes et créer ainsi de fait une nouvelle catégorie, celle des hommes enceints. Sans le moindre souci du bon sens (si un homme est « enceint », cela signifie qu'il est en réalité une femme) ou de la santé de l'enfant à naître (quels effets du traitement hormonal suivi pendant la transition ?). Broutilles, points de détail. La femme est l'avenir de l'homme, décréta un immense écrivain de gauche – il était grand temps, au nom de l'égalité entre les sexes, que l'homme devienne l'avenir de la femme sur les tables d'accouchement. Se pourrait-il que cette abolition des frontières biologiques soit la mutation délirante du vieux rêve internationaliste si cher aux trotskistes dont Jean-Luc Mélenchon fut un des chefs de file ? Toujours est-il que dans ce concours Lépine du clientélisme sociétal, celui-ci ne voulut pas être en reste et proposa carrément l'inscription de la notion de genre dans la Constitution, au motif que « si c'est votre intime conviction que vous êtes une femme ou un homme, vous avez le droit de l'affirmer contre la réalité des apparences et de votre corps ». On ignore si cette mère de famille américaine avait eu vent de la déclaration de l'insoumis en chef quand elle vint se plaindre, dans un message posté sur Instagram, des discriminations subies à l'école par son fils. Ce dernier s'identifie en effet à un chat et s'attire les foudres des enseignants à chaque fois qu'il miaule ou se lèche les paumes (quiconque a déjà observé un chat à sa toilette comprend que le pire a tout de même été évité). Elle développe au passage un argumentaire assez proche de celui de Jean-Luc Mélenchon et que l'on pourrait ainsi résumer : « Si c'est votre intime conviction que vous êtes un chat, vous avez le droit de l'affirmer contre la réalité des apparences et de votre corps[1]. » Il ne s'agit en aucune façon ici de nier ou de moquer le phénomène des personnes qui éprouvent la sensation de se trouver prisonnières du mauvais corps, phénomène documenté de longue date, mais de se désoler que la gauche veuille encore à tout prix faire des marges le centre. Dérive centripète qui prenait hier la forme d'une trouble fascination pour les délinquants de tous poils, terroristes compris.

---

1. Certaines vidéos de témoignages sont certes parodiques, mais n'en suscitent pas moins des commentaires de soutien très sérieux

Fais-moi mal,
Hassan, Hassan, Hassan…

La malsaine attirance d'une partie de la gauche pour les voyous n'est pas sans rappeler ces mélodrames où une prostituée en pince à mort pour son maquereau. L'attrait du mauvais garçon, du julot en costume rayé et brogues bicolores, représentant d'une virilité caricaturale et dévoyée dont on attend de brutales satisfactions sexuelles – le « Fais-moi mal, Johnny, Johnny, Johnny » écrit par Boris Vian et chanté par tant d'interprètes. La passion pour la canaille prend bien des formes à gauche. Comme celle d'un abandon des prisonniers politiques à l'extrême violence des détenus de droit commun dans le goulag stalinien – Varlam Chalamov, auteur des *Récits de Kolyma*, l'un des plus grands livres jamais écrits, ainsi que d'autres représentants de la littérature concentrationnaire sibérienne l'ont évoqué dans des scènes terribles où la tyrannie du régime communiste se double des mauvais traitements infligés aux opposants politiques par les pires échantillons de la pègre locale. Dans ses *Essais sur le monde du crime*, Chalamov écrit :

> La littérature de fiction a toujours représenté le monde des criminels avec sympathie et parfois complaisance. Elle a paré la pègre d'une auréole romantique, se laissant séduire par son clinquant de pacotille. Les artistes n'ont pas su discerner le véritable et répugnant visage de cet univers. C'est un péché pédagogique, une erreur que notre jeunesse paye très cher. Pour un gamin de quatorze, quinze ans, être fasciné par les figures « héroïques » de ce monde, c'est pardonnable ; pour un artiste, cela ne l'est pas. Pourtant, même parmi les grands écrivains, nous n'en trouvons aucun qui, ayant perçu le vrai visage du truand, s'en soit détourné ou l'ait stigmatisé, comme tout grand artiste se doit de stigmatiser ce qui est moralement inadmissible[1].

Il suffit de remplacer « littérature de fiction » et « artiste » par « homme de gauche » pour dénoncer les égarements du camp progressiste sur cette question. Et, toujours pour

---

1. Varlam Chalamov, *Essais sur le monde du crime*, traduit par Sophie Benech, Gallimard, 1993.

citer Chalamov, les errements de « la poétisation effrénée des malfrats ». Tendance lourde, très lourde, de ce côté de l'échiquier politique, où les pilleurs de magasins Nike sont requalifiés en militants de la cause des banlieues, où un voleur de voiture qui refuse d'obtempérer à un contrôle de police accède au statut de « petit ange parti trop tôt », où les éventreurs du Hamas sont présentés comme les héritiers de Jean Moulin, où le député LFI Louis Boyard vote les lois à l'Assemblée nationale sans perdre une occasion de rappeler fièrement son passé de dealer.

L'actualité ne cesse de fournir des exemples de cette fascination exercée par le voyou sur l'homme de gauche, mais nous avons pris soin de vérifier et vérifier à nouveau l'authenticité de celui dont il va être question, tant il paraissait relever de l'extension du domaine de l'irréalité. Sur le site du magazine de la ville de Grenoble, administrée par l'écologiste Éric Piolle, l'un des plus fervents promoteurs de l'islamo-gauchisme municipal et du déni de l'insécurité, fut annoncée en janvier 2024 la tenue d'un spectacle intitulé... *Les copains d'en bas, comment vivre au quotidien à proximité d'un point de deal ?* On a bien lu. On a bien relu. Un nouveau « Touche pas à mon pote » étendu aux trafiquants, pardon, aux copains, tout un programme fièrement proclamé de démission des pouvoirs publics, d'abandon des classes populaires à la tyrannie des gangs qui leur pourrissent l'existence, entre balles perdues et obligation de décliner leur identité pour accéder à leur domicile, accompagné d'une note d'intention rédigée dans la novlangue d'usage :

> Ben et Charlotte ont décidé d'aller habiter dans une cité HLM pour vivre la mixité sociale. On les suit dans leur rencontre avec Assia, la voisine qui leur apporte des couscous, avec des jeunes qui s'installent dans leur cage d'escalier, avec Idriss, un éducateur épris de liberté... Jour après jour, Ben et Charlotte sont ballottés entre de forts moments porteurs de sens, et l'immersion de la violence dans le quotidien de la cité. Le récit de ces rencontres dessine une vérité autre que celle souvent entendue dans les médias, et vient faire écho aux paroles du poète Guimaraes Rosa. « Raconter, c'est résister ».

Mais selon un autre poète, dont le nom nous reviendra, « Se la raconter, c'est capituler ».

Dans *Chronique du déclin français*[1], Jacques Julliard revient en ces termes sur l'attitude du natif de Tanger lors des émeutes consécutives à la mort de Nahel, survenue en juin 2023 :

1. Jacques Julliard, *Chronique du déclin français*, Albin Michel, 2023.

Il y a une mauvaise gauche comme il y a une mauvaise graisse. Quand Jean-Luc Mélenchon, le candidat permanent de cette France insoumise, s'y prend à deux fois pour condamner clairement pillages et destructions des écoles, il faut se demander ce qui peut bien rester de la gauche, car l'identification de la République avec sa fonction éducative, autrement dit avec son école, est le fondement intellectuel sur lequel la gauche actuelle n'est plus qu'une caricature de son glorieux passé.

On pourrait même parler de parodie, dans le cas d'un fils d'institutrice qui encourage tacitement l'incendie des établissements scolaires et d'un ancien enfant de chœur qui fait reprendre d'une seule voix à ses troupes le cantique de la racaille[1].

L'affaire vient de loin.

Le 1er novembre 1952, France Culture organise un débat passionnant sur Jean Genet entre le romancier Michel Mohrt, l'avocate Germaine Sénéchal et un médecin. Ce dernier fit valoir que l'auteur des *Paravents* manifestait « un refus absolu des normes de la société », que nous avions

1. Pour emprunter au titre d'un roman de l'excellent Vincent Ravalec.

affaire à « un pervers constitutionnel, inéducable, inaméliorable, inintimidable, amoral et indifférent à tout ce qui n'est pas sa propre personne ». Sur quoi Michel Mohrt renchérit en déclarant qu'il n'existait aucune communication « entre la forteresse d'amoralisme que Genet a construite et notre monde à nous qui reconnaît un certain nombre de tabous et de règles morales ». Un portrait dans lequel l'intéressé se serait reconnu avec satisfaction, lui qui demandait à la société de le punir avec sévérité et considérait que celle-ci se trompait dans les grandes largeurs en estimant que les déviants auraient pu mieux employer leur existence. Selon Genet, conclut Michel Mohrt, « les criminels ont tiré d'eux-mêmes les plus merveilleuses possibilités ». Il ne restait plus aux protagonistes de la discussion qu'à nous expliquer par quelle opération d'alchimie intellectuelle on pouvait en arriver à glorifier un individu confit dans « la satisfaction d'étaler ses vices » et une existence « tout entière soumise à l'idée de scandale ». L'explication prit la forme d'une allusion à la préface fleuve d'un livre de Genet signée par un de ses amis. On aura reconnu le *Saint Genet, comédien et martyr* de Jean-Paul Sartre (un nom décidément associé à tous les fourvoiements de la gauche). Le titre dit tout ou presque du projet de sanctification, paru en 1952, d'abord conçu comme une préface des *Œuvres complètes* et devenu volume indépendant pour cause d'hypertrophie textuelle. Métamorphose du plomb en or à quoi s'emploie sans relâche une certaine gauche, du voleur en saint, du voyou en chérubin, des agresseurs au couteau en parias des bals du samedi soir, des tueurs de *Charlie* en enfants maladroits[1], des terroristes italiens en victimes d'un acharnement judiciaire. Le ciel de gauche est encombré d'autant de créatures ineffables que l'orbite terrestre de débris spatiaux.

Les lecteurs étaient invités à se recueillir devant l'iconostase dressée en l'honneur de Jean Genet par l'auteur des *Mots*, à sacrifier encore et toujours au culte du délinquant, cette passion de gauche. De toutes les manières, c'est la gouape qu'elle préfère, symbole d'une virilité affranchie.

1. Je ne rappelle jamais sans trembler de rage les propos ignominieux de Virginie Despentes, salués par plusieurs voix de gauche, à propos des auteurs de la tuerie de Charlie : « J'ai été aussi les gars qui entrent avec leurs armes. Ceux qui venaient de s'acheter une kalachnikov au marché noir et avaient décidé, à leur façon, la seule qui leur soit accessible, de mourir debout plutôt que vivre à genoux. J'ai aimé aussi ceux-là qui ont fait lever leurs victimes en leur demandant de décliner leur identité avant de viser au visage. J'ai aimé aussi leur désespoir. Leur façon de dire : vous ne voulez pas de moi, vous ne voulez pas me voir, vous pensez que je vais vivre ma vie accroupi dans un ghetto en supportant votre hostilité sans venir gêner votre semaine de shopping soldes ou votre partie de golf – je vais faire irruption dans vos putains de réalités que je hais parce que non seulement elles m'excluent mais en plus elles me mettent en taule et condamnent tous les miens au déshonneur d'une précarité de plomb. »

L'affaire vient en réalité de plus loin encore. Dans ses *Études littéraires*, Paul Valéry notait à propos de François Villon que « [l']observation de la littérature et des spectacles à toutes les époques montre que le crime a de grands attraits et que le vice n'est pas sans intéresser les gens vertueux, ou à demi-tels ». À la défaveur d'un insolite processus de cristallisation amoureuse, le mot « exception » a changé de sens et viré de bord quand la gauche s'est un jour piquée de l'appliquer aux malfrats. Chez Valéry, esprit indemne des infections lyriques à venir, il s'entend comme suit :

> Maître Villon est un être d'exception, – car il est exceptionnel dans notre corporation, (quoique fort aventureuse dans les idées), qu'un poète soit une manière de brigand, un criminel fieffé, fortement soupçonné de vagabondage spécial, affilié à d'effrayantes compagnies, vivant de rapine, crocheteur de coffres, meurtrier à l'occasion, toujours aux aguets, et qui se sent la corde au cou, tout en écrivant des vers magnifiques.

Chez les modernes adorateurs de la déviance, chez tous ceux qu'émoustillent les déhanchements de la petite frappe, l'exception se charge à présent de toute l'admiration éprouvée pour le marginal, l'ennemi de la société qu'ils prétendent servir. Dans le neuvième tome de son Journal *Moi qui dors toujours si bien*, à la date du 8 avril 1987, Claude Michel Cluny ne leur envoyait pas dire :

> Knobelspiess, le truand érigé en martyr par la socialisterie, vient de nouveau de se faire alpaguer pour hold-up. Ce brave jeune homme est un perfectionniste, il ne désespère pas de faire mieux la prochaine fois. En attendant qu'on le gracie pour bonne conduite, comme à l'ordinaire, les intellos de gauche devront se hâter pour lui serrer la main dans sa cellule. Knobelspiess est une victime de la répression bourgeoise, des nantis, de la police, cette honteuse gardienne des banques et de la sécurité des citoyens. La gauche et ses intellectuels sont nimbés d'une sottise rayonnante.

Semblable génuflexion érotique s'observe aussi parmi les représentants du camp progressiste devant la drag-queen, tous attributs de la masculinité exhibés sous son déguisement carnavalesque. Ce qui séduit certains hommes d'extrême gauche, chez le hors-la-loi et la drag-queen : un mélange de transgression des codes et de virilisme exacerbé. La psychanalyse aurait sans doute ici son mot à dire, les tenanciers de clubs spécialisés aussi. La vérité sort du puits et parfois du donjon. Dans l'hôtel très particulier qu'il fréquente, le Charlus de Proust ne se contente pas de réclamer des traitements toujours plus brutaux, jusqu'à des tortures médiévales, il exige de surcroît des voyous toujours plus voyous :

> Inversement, Jupien sentait que ce n'était pas encore assez de présenter à M. de Charlus un garçon laitier. Il lui murmurait en clignant de l'œil : il est garçon laitier mais au fond c'est surtout un des plus dangereux apaches de Belleville (il fallait voir le ton grivois dont Jupien disait « apache »). Et comme si ces références ne suffisaient pas, il tâchait d'ajouter quelques « citations ». Il a été condamné plusieurs fois pour vol et cambriolage de villas, il a été à Fresnes pour s'être battu (même air grivois) avec des passants qu'il a à moitié estropiés et il a été au bat. d'Af. Il a tué son sergent.

Ces plaisirs très particuliers ont migré de l'aristocratie dévoyée vers la gauche déboussolée qui, de ses glauques attirances, n'entend tourner ni la page ni l'apache. La féminisation du monde trouve en outre ici à s'illustrer de la plus fâcheuse manière, on voit des hommes de gauche prendre plaisir à se frotter aux beaux merles tout comme autrefois les bourgeoises en goguette dominicale parmi les bagnards de Brest, évoquées par Olivier Rolin dans *Jusqu'à ce que mort s'ensuive*[1], « dont les robes frôlent en bruissant les bat-flancs, dont les parfums flottent un instant dans l'odeur des corps captifs ». Succomber au même vertige érotique que *Ces femmes amoureuses des tueurs en série*[2], pour reprendre le sous-titre d'un essai de Valérie Bénaïm où il est notamment question des conquêtes de Nordahl Lelandais depuis sa cellule de condamné à vingt ans de réclusion pour meurtre.

D'autant que cette fascination pour la masculinité s'exerce également envers deux autres personnages. Le révolutionnaire, tout d'abord. Quand apparurent le beau gabarit et la barbe du Gilet jaune Éric Drouet, qui plus est homonyme du maître de poste qui reconnut Louis XVI sur le chemin de Varennes et vota plus tard la mort du roi en qualité de député, Jean-Luc Mélenchon en resta toute chose : « La France est pleine de personnages qui marquent son histoire comme autant de cailloux blancs. C'est pourquoi je regarde Éric Drouet avec tant de fascination. » C'est beau, l'amour. En son temps, l'écrivain et homosexuel dissimulé Julien Green bandait

1. Olivier Rolin, *Jusqu'à ce que mort s'ensuive*, Gallimard, 2024.
2. Valérie Bénaïm, *Il n'est pas celui que vous croyez – Ces femmes amoureuses des tueurs en série*, Fayard, 2024.

lui aussi pour les robustes représentants du peuple : « Au Bürgercasino, regardé avec envie des ouvriers aux bras nus. Se faire branler par ces bras, pensai-je[1]. »

Et s'il y a du Rastignac en David Guiraud, jeune député LFI et amoureux transi de l'imam Iquioussen, capable par ailleurs de prendre parti pour un dealer contre le policier venu l'interpeller, c'est peut-être autant en raison de son ambition déclarée que pour le trouble qu'il ressent en présence des incarnations contemporaines du Vautrin de Balzac, cet ancien forçat qui aimait les hommes, le plus formidable personnage de *La Comédie humaine*. Un pacte de même nature qu'entre Vautrin et Rastignac, ou plus encore entre Vautrin et le très ambigu Lucien de Rubempré dans *Illusions perdues*, unit les destinées de David Guiraud, des voyous et des barbus, un échange de doux procédés où entrent en jeu les satisfactions sensuelles et les plans de carrière :

> Obéissez-moi comme une femme obéit à son mari, comme un enfant obéit à sa mère, je vous garantis qu'en moins de trois ans vous serez marquis de Rubempré, vous épouserez une des plus nobles filles du faubourg Saint-Germain, et vous vous assiérez un jour sur les bancs de la Pairie. [...] Je vous ai pêché, je vous ai rendu la vie, et

1. Julien Green, *Journal intégral, 19191940*, Bouquins, 2019.

vous m'appartenez comme la créature est au créateur, comme, dans les contes de fées, l'afrite est au génie, comme l'icoglan est au sultan, comme le corps est à l'âme ! Je vous maintiendrai, moi, d'une main puissante dans la voie du pouvoir, et je vous promets néanmoins une vie de plaisirs, d'honneurs, de fêtes continuelles… Jamais l'argent ne vous manquera.

Vautrin a ici emprunté l'apparence et l'identité de l'abbé Herrera (qu'il a assassiné). La religion change, le pacte demeure, qu'importe le flacon, soutane ou bien quamis, pourvu qu'on ait l'ivresse du pouvoir. D'autant que le mot islam signifie littéralement « soumission » – la situation gagne ainsi en clarté. Et puis, aux yeux de David Guiraud, les bancs de l'Assemblée nationale valent sans doute bien ceux de la pairie. Loin de moi l'idée de discuter les goûts, couleurs et douleurs en matière sexuelle, je me contente ici de noter la persistance à travers les siècles du fantasme de se faire trousser par un homme en robe.

Il s'avéra cependant par la suite, à en croire Benoît Hamon, que le cœur d'Éric Drouet battait davantage à droite toute qu'à gauche et beaucoup moins, à en juger par les photos de l'heureux propriétaire d'une Jaguar S-Type et d'une

BMW 335, pour les berlines que pour les voitures de collection. Mais le corps a ses raisons que la raison politique ignore.

Et l'islamiste complète donc ce carré de rois en cochant toutes les cases, de la brutalité à l'affirmation exprimée en termes directs que l'ordre du monde ne saurait être qu'un ordre masculin. La France insoumise, David Guiraud en tête, s'opposa ainsi à l'expulsion de l'imam Hassan Iquioussen décidée pour propos « contraires aux valeurs de la République ». Selon ce dernier, entre autres déclarations scandaleuses, la place d'une femme se trouverait à la cuisine et un mari ne saurait la laisser sortir seule du foyer. Il appelle plus généralement les musulmans à ne pas renoncer à la violence et aux armes – fais-moi mal, Hassan, Hassan, Hassan…

On laissera les spécialistes se pencher sur cette singulière forme d'homosexualité refoulée, tendance SM. Les honteuses allaient autrefois discrètement satisfaire leurs pulsions dans les pissotières et les bosquets des Tuileries, ils s'agenouillent aujourd'hui en public pour tailler des pipes métaphoriques à tous les virils porteurs de barbe, de la réincarnation du révolutionnaire de 1789 à l'imam radical. Objet de fantasme entre tous chez les insoumis, le premier nommé présente l'avantage de s'affranchir de toute légalité au nom d'un idéal supérieur, de commettre quantité de crimes et délits dont il ne saurait répondre que devant le seul tribunal de l'Histoire, de concilier les agissements du voyou et la dignité de l'émeutier. L'idolâtrie de Robespierre chez Alexis Corbières, Antoine Léaument ou Jean-Luc Mélenchon recouvre une fascination pour le délit devenu légitime, pour l'assassinat rendu légal, pour la libération en toute impunité des pires instincts. Un paysage mental au milieu duquel leurs sœurs de lutte trouvent naturellement leur place. À parcourir le trombinoscope de l'Assemblée nationale, à les voir s'agiter sans répit et vociférer sans trêve sur les bancs de l'hémicycle, comment ne pas reconnaître en Mathilde Panot, Ersilia Soudais, Danielle Simonnet ou Raquel Garrido les descendantes des tricoteuses jacobines, ces amoureuses de la guillotine assises au pied même de l'échafaud pour mieux profiter du spectacle hideux ?

Aux jolis mois de mai, cette gauche-là préfère les vilains mois de septembre. Celui de 1972 qui vit le massacre de onze membres de la délégation israélienne aux Jeux olympiques de Munich par un commando palestinien, qu'Edwy Plenel appela à « défendre inconditionnellement ». Celui de 1792 aussi, funeste anagramme placée sous le signe de l'horreur, quand 1 500 personnes furent exécutées sommairement au fond de leurs geôles dans des conditions effroyables. Sans que Jean-Luc Mélenchon, Alexis Corbière, Antoine Léaument y trouvent la moindre raison de tempérer le culte rendu à Robespierre. Quand la tête de Mme de Lamballe fut exhibée sous les fenêtres de Marie-Antoinette, sans que cela dissuade Taha Bouhafs de pareillement brandir celle de Marine Le Pen en un ignoble simulacre. Aux parfums de la rose, cette gauche-là préfère les pestilences mêlées du mégot d'un vieux cigare cubain, des remugles d'inavouables vespasiennes et d'opium en suspension du nouveau peuple.

« Jean-Luc Mélenchon, sixième pilier de l'islamisme »

Le temps d'une interview, François Ruffin s'efforça de remettre l'usine au centre du village, d'en écarter tant la mosquée que la clinique spécialisée dans la gestation pour autrui. Au micro de France Info, le député de la Somme déclara qu'une loi sur le changement de genre dès 16 ans sans le consentement des parents ne figurait pas au nombre des priorités d'un projet de gauche :

> Pour moi, le cœur du sujet, c'est le travail, le partage des richesses, la démocratie. Les résultats des dernières élections ne sont pas le fruit du hasard : on a une société fracturée. Dans ce climat-là de tension et d'épuisement, il faut de l'apaisement, de la stabilité, et il faut réparer les fractures et pas les creuser.

Avant d'exprimer son opposition personnelle à la GPA. Dès le lendemain, Sophia Chikirou, soit ce qui se fait de plus proche de Jean-Luc Mélenchon à l'exclusion de Jean-Luc Mélenchon lui-même, se chargea de remettre les pendules à l'heure et les bretelles à leur place, le tout dans la plus pure tradition des commissaires politiques. Ruffin se retrouva sur-le-champ accusé de déviationnisme : « Ce n'est en rien une position de la France insoumise ni du groupe parlementaire. Ce propos est au mieux maladroit, au pire une faute politique. » Et conformément à la tradition totalitaire citée, le camarade fautif se livra dès le lendemain à une autocritique :

> Sur ce sujet, comme sur pas mal d'autres, en toute humilité, je dois progresser. En commençant, comme c'est ma démarche depuis maintenant vingt ans, par des rencontres avec les premiers concernés, les premières concernées.

La gauche se couchait devant la gôche, son double maléfique, sa jumelle égarée. Pour prix de son repentir, François Ruffin ne fut pas déporté plus au Nord que les Hauts-de-France. Fin de la rébellion pour le mutin de Panurge, comme disait Philippe Muray.

Cet aspect de la stratégie définie par Terra Nova, à savoir évacuer la question sociale au profit des thématiques sociétales, produisit sans tarder son plein effet. L'électorat progressiste se montra sensible à ce que la France insoumise approuve et relaie ses revendications les plus burlesques, les plus antirépublicaines et les plus contraires aux valeurs traditionnelles de gauche (usage de l'écriture inclusive, soutien à l'organisation d'ateliers en non-mixité raciale, Journées du matrimoine, cours d'école non genrées...), nul doute qu'il joindrait le geste à la parole en glissant le bon bulletin dans l'urne, le moment venu.

Le tour de bonneteau électoral nécessitait toutefois aussi de caresser jour et nuit les islamistes dans le sens du poil de la barbe, afin de recruter en masse parmi leurs ouailles. Ceux-ci firent savoir à la France soumise qu'il n'y avait pas d'amour, mais seulement des preuves d'amour. Qui répondit par une bouleversante déclaration de ses sentiments en signant une tribune contre la stigmatisation des musulmans de France puis en venant grossir les rangs d'une marche contre l'islamophobie, le 10 novembre 2019. À lire attentivement la première, on tombait sur une phrase bien dissimulée parmi les mots d'ordre antiracistes :

Depuis des années, les actes qui les visent s'intensifient : qu'il s'agisse de discriminations, de projets ou de lois liberticides, d'agressions physiques de femmes portant le foulard, d'attaques contre des mosquées ou des imams, allant même jusqu'à la tentative de meurtre.

Se trouvaient donc ici placés sur un pied d'égalité des crimes odieux et les lois de 2004 sur l'interdiction du port du voile à l'école (ainsi que de tout autre signe religieux ostensible), et de 2010 sur celle de la burqa – la même confusion volontaire s'appliquerait, deux ans plus tard, au sujet de la loi contre le séparatisme. On rappellera que Jean-Luc Mélenchon, signataire de la tribune, déclarait, à propos de la prohibition du voile dans les écoles de la République : « Je ne vois pas où Dieu s'intéresserait à un chiffon sur la tête. » Et qu'il avait été l'auteur d'une véritable diatribe contre la burqa dont nous avons plus haut cité les termes. Plus fort encore, le même frappait en 2015 de nullité l'idée même d'islamophobie : « Je conteste le terme d'islamophobie, quoique je le comprenne. Ce sont les musulmans qui pensent qu'on leur en veut parce qu'ils sont musulmans. Moi, je défends l'idée qu'on a le droit de ne pas aimer l'islam, on a le droit de ne pas aimer la religion catholique et que cela fait partie de nos libertés. »

Le Mélenchon de 2015 aurait-il été remplacé en 2019 par un jumeau diabolique ? Ou aurait-il brutalement changé d'avis sur des sujets aussi fondamentaux ? Ni l'un, ni l'autre. Ces volte-face n'ont aucun rapport avec la moindre conviction et tout à voir avec le calcul électoral, avec un cynisme politique sans précédent, avec une tentative désespérée de se remettre à flot après le naufrage des élections européennes six mois plus tôt, quand la liste LFI menée par Manon Aubry n'avait obtenu que 6 % des suffrages.

Pour s'en convaincre, il suffit d'examiner les compagnons de route de notre apostat de la laïcité, ce ramassis d'infréquentables aux yeux du digne républicain que fut autrefois Jean-Luc Mélenchon, ces batteurs de pavé unis par des solidarités inédites sous la bannière du Collectif contre l'islamophobie en France (CCIF), mouvement proche des Frères musulmans, grossistes d'une idéologie fanatique dont Jean-Luc Mélenchon est devenu le détaillant. Passons rapidement sur le cas d'Assa Traoré au nom du comité Adama, le temps d'attirer l'attention sur la double allégeance plus haut dénoncée à l'islamisme et à la délinquance. Elle défilerait aux côtés de son ami et soutien Madjid Messaoudene, adversaire mortel de la laïcité et auteur de quelques bonnes blagues sur Mohammed Merah. Menu fretin, comparé à l'imam Rachid Eljay, auteur d'un prêche où il déclarait qu'une femme qui sortirait de chez elle sans son hijab ne saurait s'étonner d'être violée. Pas de quoi décourager la militante féministe Caroline De Haas, très à son aise dans cet aéropage de misogynes à ce point arriérés qu'ils en viennent à justifier les abus sexuels. Prière de ne pas rire, Mme De Haas est par ailleurs fondatrice du groupe Egaé, « une agence de conseil, de formation et de communication experte de l'égalité entre les femmes et les hommes et de la prévention des violences sexistes et sexuelles ». Une faute de frappe se serait-elle glissée dans l'intitulé, fallait-il lire « fondatrice du groupe *Égaré* » ? D'autres auteurs révoltants furent dénoncés au fil des jours pour la plus grande indignation de Taha Bouhafs – oui, l'inénarrable Taha Bouhafs, journaliste plus réputé pour ses fautes d'orthographe que pour ses scoops et futur condamné pour propos racistes anti-arabes[1], on ne rit toujours pas, trempait également dans l'affaire : « Quand il s'agit d'autres appels à la manifestation, on ne fait pas les poubelles de la

1. Taha Bouhafs avait qualifié la syndicaliste policière Linda Kebbab d'« Arabe de service », ce qui lui valut une condamnation définitive pour « injure publique à caractère raciste ».

sorte. Les musulmans doivent toujours montrer patte blanche. » En effet, n'était-il pas mesquin, vétilleux, et pour tout dire un peu islamophobe, de reprocher à l'imam Nader Abou Anas d'avoir adressé le message suivant à une femme qui se refuse à son mari : « Qu'elle sache que les anges la maudissent toute la nuit où elle se refuse à son mari sans raison valable. » D'ailleurs, « la femme vertueuse, c'est celle qui obéit à son mari. La femme, elle ne sort de chez elle que par la permission de son mari. Restez dans vos demeures, ça, c'est la base ». Pour ne pas avoir pris part à cette Marche de la grande honte, j'ai sans doute manqué quelques scènes du plus haut comique où des islamistes patentés demandaient aux activistes de la cause féminine si leurs maris les avaient autorisées à sortir de chez elles pour se joindre à la manifestation. La base, quoi, mesdames.

Sacré mélange des torchons et des serviettes, en ce 10 novembre 2019, ou plutôt des serviettes et des chiffons, ainsi que Jean-Luc Mélenchon désignait les voiles islamiques avant sa conversion symbolique. Un laïcard de dingue, pour reprendre la définition de Houria Bouteldja des Indigènes de la République, qui défilait sous les « Allahou Akbar » scandés à proximité du Bataclan par Marwan Muhammad, un homme qui n'hésita pas à prétendre, lors d'une interview à la télévision turque, que, dans notre pays, « le simple fait de pratiquer sa religion est une source de stigmatisation, c'est criminalisé. » Le comte de Lautréamont aurait-il jugé ces étranges proximités belles comme la rencontre fortuite sur un boulevard parisien d'une carpe laïque et d'un lapin islamiste ? François Ruffin n'était pas là pour en juger : « Pas mon truc. Je joue au foot, comme tous les dimanches... » Et s'il avait signé la fameuse tribune, c'était à l'insu de son plein gré, selon l'intéressé, par distraction : « J'étais en train de manger des gaufres avec mes enfants. » Sous couvert de provocation – certes éphémère, l'insolent ne tarderait pas à rentrer dans le rang, ainsi que nous l'avons vu –, on ne pouvait mieux signifier le divorce entre deux gauches irréconciliables, celle qui s'adressait au peuple des corons et celle qui baisait les babouches à bouche que veux-tu du côté de Saint-Denis et d'autres banlieues islamisées.

« Allahou akbar ! » reprenait en chœur la foule au milieu de laquelle déambulait un homme qui avait proclamé deux ans plus tôt ce mot d'ordre dans *L'Avenir en commun*, son programme pour une VIe République : « Combattre tous les communautarismes et l'usage politique des religions. »

« Allahou Akbar ! » insistait le soutien d'un imam assez radicalisé pour déclarer : « Celles qui partagent sur les réseaux sociaux des leçons de maquillage ou des tenues qui mettent en valeur les formes de leur corps sont habitées par le Sheitan. » Que pouvait bien en penser l'intransigeant rédacteur de ces lignes : « Imposer l'égalité de conditions entre les femmes et les hommes dans les institutions politiques, administratives, économiques, syndicales et associatives » ?

« Allahou Akbar ! » continuait de lancer au ciel Marwan Muhammad, debout sur un camion qui longeait le Bataclan, où des terroristes avaient lancé le même cri avant de massacrer quatre-vingt-dix personnes. Les mots retombaient des nuages vers la Terre où marchait parmi ses nouveaux alliés l'auteur en 2015 d'un éloge funèbre de Charb, exécuté par les frères Kouachi dans la rédaction de *Charlie* : « Tu as été assassiné comme tu le pressentais, par nos plus bornés ennemis, par des fanatiques religieux, des crétins sanglants qui vocifèrent de tout temps. » Qui en avait même trouvé des accents lyriques : « Ici commence un nouveau monde possible, celui de l'esprit libre. »

En ce 10 novembre 2019, entre République et gare du Nord, commençait un nouveau monde impossible, celui de l'esprit asservi, de la trahison intéressée des idéaux, de l'acquiescement au pire, de la défaite de la raison et du triomphe de l'obscurantisme, de la seconde mort donnée aux martyrs de la liberté d'expression. Jean-Luc Mélenchon était allé chier sur leurs tombes.

Faire allégeance à l'islamogauchisme, indispensable formalité afin de conquérir un électorat de rechange, suppose non seulement pour Jean-Luc Mélenchon et ses amis de bafouer toutes les convictions proclamées depuis plusieurs dizaines d'années, mais aussi l'adoption d'un cahier des charges très précis. En tête duquel figure l'antisémitisme.

Mélenchon et les juifs

L'étude de cas nécessite une brève mise en perspective historique. Car le grand remplacement existe, le grand remplacement a eu lieu. Mais pas celui dont la seule mention transforme tout débat en volée d'anathèmes et de contre-anathèmes. Non, le grand remplacement de l'antisémitisme de droite par l'antisémitisme de gauche. À force de dénoncer le premier, on avait fini par oublier le second, par enterrer sous plusieurs couches de déni les diatribes antijuives de Marx :

> L'essence du judaïsme et la racine de l'âme juive sont l'opportunité et l'intérêt personnel ; le Dieu d'Israël est Mammon, qui se manifeste dans la soif de l'argent. Le judaïsme est l'incarnation des attitudes antisociales.

Ou de Jaurès :

> Nous savons bien que la race juive, concentrée, passionnée, subtile, toujours dévorée par une sorte de fièvre du gain quand ce n'est pas par la force du prophétisme, manie avec une particulière habileté le mécanisme capitaliste, mécanisme de rapine, de mensonge, de corset, d'extorsion.

Antidreyfusard convaincu avant de tourner casaque sur le tard, le même Jaurès évoqua l'existence d'une « bande cosmopolite », ce qui lui valut une exclusion temporaire de la Chambre des députés. Autre cas spectaculaire d'amnésie collective de ce côté du spectre politique, les persécutions du régime stalinien envers les juifs, poursuite par d'autres moyens des pogroms en vigueur au temps du tsarisme. Le « Petit Père des peuples » n'était pas celui du peuple élu. L'abomination de la Shoah relégua tout ce qui précède à l'arrière-plan historique, sans que ces passions mauvaises cessent de travailler en profondeur la pensée dite progressiste. La création d'Israël leur permit de remonter à la surface. L'antisémitisme prenait le masque de l'anticapitalisme, il se dissimulait désormais sous les apparences de l'antisionisme. Une droite ligne unit la motion de soutien d'Edwy Plenel, dont on a déjà parlé, envers les assassins palestiniens de onze athlètes israéliens lors des Jeux olympiques de 1972 au refus obstiné par la France insoumise de reconnaître le véritable caractère des effroyables massacres du 7 octobre 2023. Le futur patron du *Monde* et de *Mediapart* qualifiait de « militants » les membres du commando coupables d'avoir exécuté des hommes dans leur sommeil. Jean-Luc Mélenchon, Mathilde Panot, Danièle Obono et les autres qualifient parfois de « résistants », et en aucun cas de « terroristes », ceux qui éventrèrent des femmes enceintes et tuèrent des nourrissons d'une balle dans la tête au sud de l'État hébreu. LFI ou Les Fleuristes indignes, de l'art de faire pousser de nouvelles plantes vénéneuses sur un riche terreau historique et sous un grand soleil antisémite, cette planète fixe dans le ciel de gauche. C'est ainsi qu'on vit de fort distinguées représentantes de la classe bobo descendre un instant de leur bicyclette pour arracher les photographies des otages du Hamas placardées dans Paris. Alors même que huit de nos compatriotes se trouvaient parmi les personnes enlevées, sans parler des quarante autres Français tués lors du pogrom. La fraternité avec les musulmans, de Palestine ou d'ailleurs, des musulmans en tant que tels, qu'ils soient victimes ou bourreaux, l'emporte désormais sur le sentiment d'appartenance à une communauté nationale. L'antisémitisme de gauche, c'est l'internationalisme à la portée des caniches enragés. Aux yeux de ce nouveau camp du bien, une femme violée n'a subi ce crime qu'à condition de ne pas être juive – telle est la seule explication logique du silence assourdissant des organisations féministes depuis le féminicide perpétré par le Hamas. Aux yeux de ce nouveau camp du bien, un otage ne mérite ce nom qu'à condition de ne pas être juif – telle est la seule explication logique à ce que l'inénarrable députée LFI Ersilia Soudais place sur un pied d'égalité les captifs des tunnels de Gaza et les condamnés qui purgent leur peine dans les prisons israéliennes. Si les barbares parvenaient au pouvoir chez nos belles âmes, ce qu'à Allah ne plaise, il va sans dire que celles-ci figureraient parmi les premières à se faire égorger. Tel est le sort des idiots utiles à travers l'Histoire, d'un totalitarisme à l'autre, du communisme à l'islamisme, d'un antisémitisme de gauche à un autre antisémitisme de gauche.

À l'indignité s'ajoute volontiers le ridicule d'un homme et d'un parti toujours à la remorque des discours les plus extrémistes tenus à l'extrême gauche (mais aussi à l'extrême droite) en matière de haine des juifs. Tel un père de famille qui s'efforce de rattraper l'avant-dernière mode tandis que ses enfants arborent déjà la suivante. En matière de complotisme, pour commencer, courant pourvoyeur d'innombrables explications alternatives de la marche du monde où la figure du Juif occupe presque toujours le premier rôle, malgré la rude concurrence faite à la famille Rothschild par les reptiliens. Jean-Luc Mélenchon s'y essaye, le 6 juin 2021 sur France Inter, avec tout l'enthousiasme et aussi toute la maladresse du néophyte. À l'en croire, la prochaine échéance électorale serait à coup sûr marquée par une circonstance dramatique : « Vous verrez que, dans la dernière semaine de la campagne présidentielle, nous aurons un grave incident ou un meurtre. Ça a été Merah en 2012 : nous aurons l'événement gravissime qui va une fois de plus permettre de montrer du doigt les musulmans et d'inventer une guerre civile. C'est bateau, tout ça. » Qu'est-ce à dire, que faut-il comprendre ? Qu'un mystérieux ou pas si mystérieux commanditaire a manipulé l'assassin de trois gamins juifs à des fins politiques ? Qu'il s'apprête à récidiver ? Propos aussi troubles que troublants. Rendus plus troubles encore par le choix du mot « incident » à propos d'un meurtre d'enfants. Autre variation personnelle sur un classique de l'antisémitisme : le Juif inassimilable tel que décrit au XIXe siècle par Édouard Drumont, auteur de *La France juive*[1] :

> En réalité, le Juif n'a pas changé depuis trois mille ans ; il est toujours l'ennemi dans la maison [...] dangereux surtout parce qu'il emploie des moyens qui ne sont pas ceux des peuples au milieu desquels il vit.

Ce qui donne, dans la version mélenchonienne, à propos d'Éric Zemmour : « Il reproduit beaucoup de scénarios culturels : on ne change rien à la tradition, on a la créolisation en horreur. Tout ça, ce sont des traditions qui sont beaucoup liées au judaïsme. » L'imam radicalisé Hassan Iquioussen, auteur de multiples sorties antisémites, ne dit rien d'autre quand il affirme que les juifs dédaignent « de se mêler aux autres qu'ils considèrent comme des esclaves ». Drumont, Iquioussen, Mélenchon, même combat et même discours : « Chez ces gens-là », monsieur, on refuse de se mélanger... Il est des arbres généalogiques dont les branches portent des fruits moins pourris.

À propos de fruits gâtés, intéressons-nous à une jeune pousse insoumise : David Guiraud.

1. Édouard Drumont, *La France juive – Essai d'histoire contemporaine*, Flammarion, 1886.

Spécialisé dans la traque de l'extrême droite, mouvance ici confondue avec l'intégralité du spectre politique à l'exception de la France insoumise (en attendant la prochaine purge), il ne s'est pourtant jamais désolidarisé des tweets de son grand ami Mehdi Meklat : « Ben Laden me manque » ou « Faites entrer Hitler pour tuer les juifs », parmi bien d'autres tranches de bonne rigolade entre potes. D'après son père, l'élu socialiste Daniel Guiraud :

> Comme beaucoup de jeunes des années 1990, il s'est intéressé au conflit israélo-palestinien à travers les vidéos de Dieudonné et d'Alain Soral.

S'agissant d'un militant antifa proclamé, la généalogie se révèle décidément très inattendue. Et voilà qu'en ce 10 novembre 2023, il se répand depuis Tunis en propos négationnistes et complotistes sur les massacres perpétrés quelques semaines plus tôt par les terroristes du Hamas. Se répand puis se repent. Pour mieux replonger sous la forme d'un tweet lunaire où, en réponse à une plainte déposée contre lui par l'Observatoire juif de France pour « apologie du terrorisme et provocation à la discrimination, à la haine ou à la violence », il est question des « Dragons célestes » – personnages du manga *One Piece* appartenant à une caste toute-puissante que les milieux antisémites assimilent à la communauté juive. Déclare ensuite qu'il a mal été compris et par conséquent, ou plutôt par inconséquent, qu'il supprime le tweet en question. Comprenne qui pourra. Nombre de figures insoumises ne cessent ainsi de faire remonter à la surface le fond boueux d'un imaginaire antisémite puisé à toutes les mauvaises sources. Devant les images des monstruosités du 7 octobre, Aymeric Caron ne trouve rien de mieux à déclarer que :

> Il faut quand même aussi avoir conscience que c'est un film qui est réalisé par l'armée israélienne, qui est monté par l'armée israélienne. Et que donc bien évidemment il y a un but derrière la projection de ces images.

Il est pour le moins singulier qu'un parti dit de gauche reçoive l'onction d'Alain Soral et le soutien de l'infâme torchon antisémite *Rivarol*, lequel voit en Jean-Luc Mélenchon une nouvelle victime du « lobby juif » après Jean-Marie Le Pen :

> Jean-Luc Mélenchon subit à son tour des attaques d'une rare violence de la part du même lobby parce qu'il refuse avec un certain courage,

et même un courage certain, de s'aligner inconditionnellement sur l'entité sioniste.

Il est non moins singulier que le leader d'un parti de gauche sollicite les conseils politiques de Patrick Buisson, ancien de *Minute*, du *Crapouillot* et de *Valeurs actuelles*, penseur d'extrême droite d'inspiration maurrassienne. Selon Vanessa Schneider et Ariane Chemin dans *Le Mauvais Génie*[1] :

> Jean-Luc Mélenchon a pris l'habitude de consulter son nouvel ami avant chaque décision stratégique. Buisson met avec plaisir sa science des sondages à son service.

Le premier voulait obtenir du second la méthode pour broyer François Hollande entre Nicolas Sarkozy et lui-même, ainsi qu'on le fait d'une coquille entre les branches d'un casse-noix.

Ou pas si singulier que cela. Il se pourrait que cette accumulation de petites touches finisse par dessiner un portrait criant de vérité.

En février 2020, Jacques Julliard écrivait ce qui suit :

1. Vanessa Schneider et Ariane Chemin, *Le Mauvais Génie*, Fayard, 2015.

> On attend toujours de voir Jean-Luc Mélenchon défiler contre la christianophobie. Et surtout contre l'antisémitisme, lui qui apparemment n'a rien trouvé à redire aux propos de Jeremy Corbyn, [...]. Or la vérité, c'est que la situation du judaïsme français est dramatique. En un an, les actes antisémites ont bondi, passant de 311 en 2017 à 541 en 2018 (+ 74 %) et 687 en 2019 (+ 27 %).

Le 12 novembre 2023, soit quatre années presque jour pour jour après que Jean-Luc Mélenchon s'est affiché en tête du cortège qui rassemblait, en personne ou en pensée, la fine fleur de l'islamisme du pays, on attendait toujours. Puisque, ce dimanche-là, les insoumis avaient refusé de venir grossir les rangs de la marche contre l'antisémitisme, organisée dans un contexte plus tragique encore que précédemment : 588 actes antisémites recensés en quelques semaines, plus précisément depuis les massacres commis par les terroristes du Hamas dans le sud d'Israël. Tandis que le nombre de familles françaises souhaitant émigrer vers ce pays était multiplié par quatre. Oui, vers cette nation en guerre, où elles se jugent davantage en sécurité que dans un pays, le nôtre, qui avait inspiré à leurs grands-parents l'expression « Heureux comme un juif en France ». Pas de quoi convaincre Jean-Luc

Mélenchon, qui dénonça un rendez-vous « des amis du soutien inconditionnel du massacre ». Se retrouvant ainsi très isolé dans son camp, socialistes, écologistes et communistes ayant répondu présents, et même lâché par Alexis Corbières, François Ruffin ou Clémentine Autain – tous trois victimes d'une récente purge au sein de LFI, ceci expliquant sans doute cela, on ne s'émancipe jamais plus facilement de celui dont on a léché les bottes qu'à l'instant où plus rien n'est à espérer de lui.

Jean-Luc Mélenchon aurait-il un problème personnel avec les juifs ? La question se pose au sujet d'un homme capable, le temps d'une interview, de raviver les couleurs délavées du vieil antisémitisme chrétien et d'entonner l'antique refrain du peuple déicide : « Écoutez, je ne sais pas si Jésus était sur la croix. Je sais qui l'y a mis, paraît-il, ce sont ses propres compatriotes. » Et la réponse prit un jour la forme d'un tag spectaculaire sur un abribus du Val-de-Marne. L'inscription « Mort aux juifs », écrite en grandes lettres capitales blanches, s'y trouvait illustrée par une affichette de campagne de Jean-Luc Mélenchon et un autocollant de soutien à la cause palestinienne. Un rébus qui résumait à lui seul le changement de pied d'une certaine gauche, laquelle entendait autrefois ne pas désespérer Billancourt en cachant la terrible réalité de l'URSS et s'efforçait à présent ne point démoraliser Saint-Denis en refusant de qualifier les massacreurs du Hamas de terroristes. D'un département de banlieue à l'autre, la malhonnêteté intellectuelle et la complicité avec le pire ne se sentaient guère dépaysées.

Un siècle et quart de retard sur Drumont, mais à peine trente-cinq années sur Jean-Marie Le Pen et son infâme calembour « Durafour crématoire ». Le rappeur Médine, tout juste auteur d'un jeu de mots sur l'essayiste juive Rachel Khan, par lui rebaptisée « ResKHANpée », fut reçu en majesté lors des universités d'été de la France insoumise. Que rien ne paraissait décidément perturber chez ce pratiquant de la quenelle à la sauce Dieudonné, pas même semblable plaisanterie sur une femme dont la mère échappa aux camps de la mort. Mathilde Panot, présidente du groupe LFI à l'Assemblée nationale, avait précédé l'artiste dans le même registre humoristique en lançant à la Première ministre : « Madame Borne, il faut le dire, vous êtes une rescapée. » Né Bornstein, le père d'Élisabeth Borne fut déporté à Auschwitz-Birkenau. Jamais deux sans trois, Jean-Luc Mélenchon lui-même accusa la présidente de l'Assemblée nationale Yaël Braun-Pivet de « camper à Tel-Aviv pour encourager le massacre » au lendemain des pogroms du 7 octobre. Encore une histoire de camp, cette fois enrichie d'une allusion aux mœurs nomades de cette incorrigible tribu. Dans les pages du *Monde*, l'historien Sébastien Ledoux en conclut que « [l']affaire Médine illustre la dérive constante d'une certaine gauche face à l'antisémitisme en France ». Avant de mettre les points sur tous les *i*, ceux de l'antisémitisme comme ceux des insoumis :

> Parce que Médine représenterait la parole d'une certaine jeunesse française des quartiers populaires qui lutte contre des discriminations raciales, il est soutenu par plusieurs représentants de LFI et EELV, qui portent ainsi la responsabilité d'une grave confusion, là où les enseignants s'attachent chaque jour à éclairer et à éduquer leurs élèves en posant des limites sur ce qui peut être dit ou ne pas être dit dans le cadre de la lutte contre l'antisémitisme et le racisme. Outre son abjection morale, le jeu de mots de Médine marque une transgression verbale récurrente qui participe depuis des années d'un antisémitisme ambiant dont les juifs sont victimes en France.

Belle analyse d'un électoralisme en roue libre.

Mélenchon en terrain Glissant

Chez ces gens-là, monsieur, on refuse de se mélanger... et de se créoliser, puisque tel est en réalité le concept, forgé au siècle dernier par Édouard Glissant, défendu à travers l'ignoble attaque contre Éric Zemmour. L'idéal du romancier martiniquais se résume généralement en ces termes :

> La créolisation est la mise en contact de plusieurs cultures ou au moins de plusieurs éléments de culture distinctes, dans un endroit du monde, avec pour résultante une donnée nouvelle, totalement imprévisible par rapport à la somme ou à la simple synthèse de ces éléments.

Avons-nous bien lu « totalement imprévisible » ? N'en déplaise à Édouard Glissant, dont je suis désolé de troubler le repos dans l'au-delà, la France n'est pas, ne saurait être et ne sera jamais une pochette-surprise.

Avis aux nouveaux locataires : la France est un appartement meublé de longue date. De commodes Louis XV, de bureaux directoire, de fauteuils empire, de buffets régence, d'armoires gothiques, de chaises Starck et de luminaires Keller. Merci de respecter le mobilier et de laisser l'endroit aussi propre que vous l'avez trouvé quand vous repartirez dans votre pays ou pour le grand néant – plutôt que dans un état totalement imprévisible. On vous saura gré d'épousseter de temps à autre ces trésors accumulés au fil des siècles par une vieille civilisation – plutôt que de prétendre les bazarder dans les poubelles de l'histoire. Et de chausser des patins au lieu de gros sabots pour vous déplacer de pièce en pièce, ne serait-ce que par respect des voisins. Ils étaient là avant vous.

Dans une des harangues dont il a le secret, où la confusion lyrique passe à tort pour de l'éloquence aux oreilles des gogos, Jean-Luc Mélenchon fit œuvre pédagogique à l'intention de ces derniers. À l'entendre, le goût immodéré des Français pour le couscous et la pizza suffisait à valider les thèses du grand métissage. *La Créolisation pour les nuls*, en quelque sorte. Il fallait aller plus loin. Toujours dans le registre culinaire, les habitudes anthropophages de certaines tribus primitives ne sont-elles pas la preuve d'un bel appétit pour la nourriture d'origine étrangère, d'un bouleversant désir d'assimiler l'Autre ? La rencontre d'un cannibale de Malekula et d'un missionnaire occidental ne correspondait-elle pas autrefois à la définition plus haut citée de la créolisation : « La mise en contact de plusieurs cultures ou au moins de plusieurs éléments de culture distinctes, dans un endroit du monde, avec pour résultante une donnée nouvelle, totalement imprévisible par rapport à la somme ou à la simple synthèse de ces éléments » ? Pour faire bonne mesure, le candidat à l'élection présidentielle 2022 se fendit aussi d'un hommage appuyé au rap, présenté comme la bande-son officielle du grand mélange en cours, de cette partouze interethnique aux dimensions planétaires qu'il appelait de ses vœux.

Il s'exprimait cependant en termes si vagues et si généraux qu'on en venait à se demander si sa connaissance des thèses d'Édouard Glissant ne tenait pas tout entière dans une brève fiche rédigée par son équipe de campagne. C'est un peu court, vieil homme. Moins de paresse intellectuelle invitait à les examiner de plus près, à méditer entre autres cette intéressante considération sur le métissage et la créolisation :

> Celle-ci et celui-là, dans l'univers de l'atavique, étaient réputés produire une dilution de l'être, un abâtardissement. Un autre imprévu est que ce préjugé s'efface lentement, même s'il s'obstine dans des lieux immobiles et barricadés.

Tout est matière à s'étonner, dans ce passage. À commencer par le coefficient péjoratif infligé au terme d'atavisme dans un milieu où reste par exemple si vive la mémoire de l'esclavage chez des personnes qui n'ont fort heureusement jamais connu cette condition. Et en ressentent pourtant la douleur et l'injustice comme par l'effet d'un atavisme affectif, précisément. Rama Yade, ancienne Secrétaire d'État aux Affaires étrangères, déclara ainsi qu'elle avait chaque fois éprouvé comme une « micro-agression » le fait de devoir passer devant la statue de Colbert érigée près de l'Assemblée nationale. Peu importe ici qu'elle confonde le contrôleur des finances de Louis XIV avec son fils, véritable rédacteur du Code noir, texte relatif à l'esclavage dans les colonies françaises promulgué deux ans après la mort de Colbert. Le plus intéressant tient bien davantage à la différence des sensibilités. Naulleau est un nom typiquement vendéen, mes ancêtres paternels ont labouré durant plusieurs siècles des terres étroitement délimitées par les villages de Sainte-Flaive-des-Loups, Bouin, Notre-Dame-des- Monts et Saint-Jean-de-Monts. Je passe pourtant sans frémir devant les symboles d'une République qui extermina mes aïeux selon des méthodes dignes du nazisme. Ou, en termes plus posés, ceux du diplomate Jacques Villemain dans *Histoire politique des colonnes infernales*[1] :

> Si la Terreur pose la question de savoir si on pouvait imposer les idées nouvelles portées par la Révolution au moyen de la violence, la Vendée et en particulier cet épisode des « colonnes infernales » pose la question de savoir ce qu'est un gouvernement révolutionnaire qui mène une guerre d'extermination dans toute une région et donc à toute une partie du peuple.

Le débat longtemps interdit mériterait de vastes développements, on se contentera pour l'heure d'observer que les réflexes ataviques ne sont ici pas à trouver chez le mâle blanc occidental de plus de 50 ans. Édouard Glissant déplore donc la survivance archaïque de quelques zones réfractaires à la créolisation, par lui désignées comme « des lieux immobiles et barricadés ». Devenu son plus fervent disciple, sinon son

1. Jacques Villemain, *Histoire politique des colonnes infernales. Avant et après le 9 Thermidor*, Les Éditions du Cerf, 2023.

lecteur le plus attentif, Jean-Luc Mélenchon proclame quant à lui dans le discours plus haut cité que « la créolisation est l'avenir de l'humanité ». Après avoir par le passé annoncé avec le même enthousiasme que le communisme était l'avenir de l'humanité, puis le traité de Maastricht, puis... passons, passons. Mais en quelle compagnie bat-il le pavé ce fameux 10 novembre 2019 ? Dans celle d'islamistes fanatiques qui en appellent à l'*immobilisme* d'une religion figée dans les dogmes et les pratiques des premiers compagnons du prophète Mahomet, d'une conception rétrograde de l'islam qui ne cesse de gagner du terrain dans nos cités et nos campagnes, parfois sous la forme de communautés *barricadées* contre les mécréants et l'ensemble du monde extérieur. Dans celle d'imams radicalisés venus expliquer au pays de Colette et de Marie Curie que le destin des femmes se confond avec la réclusion dans un appartement transformé en prison par leurs maris. Jean-Luc Mélenchon, c'est l'ouverture à tous les vents de la créolisation combinée à l'enfermement à double tour des femmes musulmanes. Dans celle d'activistes communautaires qui ont chassé juifs et chrétiens des territoires perdus de la République, ce qui rend assez problématique « la mise en contact de plusieurs cultures ou au moins de plusieurs éléments de culture distinctes, dans un endroit du monde » – pour reprendre la définition canonique de la créolisation. Dans celle de barbus qui vouent aux gémonies les apostats comme les incroyants, tous ceux qui prétendent s'émanciper d'une identité vitrifiée par le tribalisme et le sectarisme religieux, aux antipodes du syncrétisme prôné par Édouard Glissant.

Quelques mots encore sur la créolisation, ce concept si foireux que Jean-Luc Mélenchon ne pouvait que le gober tout cru avant de le recracher sous forme de bouillie verbale du haut des estrades. Édouard Glissant écrit encore ceci :

> La créolisation suppose que les éléments culturels mis en présence doivent obligatoirement être « équivalents en valeur » pour que cette créolisation s'effectue réellement. C'est-à-dire que si dans des éléments culturels mis en relation certains sont infériorisés par rapport à d'autres, la créolisation ne se fait pas vraiment.

Autrement dit, dans la créolisation en actes de ce funeste jour de novembre 2019, dans le coudoiement fraternel de la descendance des Lumières et d'une engeance obscurantiste, nous sommes priés de n'établir aucune hiérarchie entre les valeurs soutenues par la première et celles que prône la seconde. Car seule compte leur mise en relation et la synthèse « absolument imprévisible » qui en résultera. Synthèse rime ici de toute évidence avec foutaise. Et le même Édouard Glissant de regretter « que les humanités d'aujourd'hui abandonnent difficilement quelque chose à quoi elles s'obstinent depuis longtemps, à savoir que l'identité d'un être n'est valable et reconnaissable que si elle est exclusive de l'identité de tous les autres êtres possibles ». De tous les autres êtres possibles, certes non, mais j'affirme ici que l'identité d'un être authentiquement français est exclusive de celle d'un imam intégriste qui entend nous ramener au VIIe siècle sans même embarquer dans une machine à remonter le temps. De celle de ses collègues qui affirment comme Rachid Habou Houdeyfa que « celui qui écoute de la musique, il y a un risque qu'Allah le transforme en porc ou en singe ». Ou comme Hassan Iquioussen et d'autres crapules idéologiques du même acabit, que les sionistes ont incité Hitler « à faire du mal aux juifs pour les forcer à partir ». De celle enfin de tous leurs émules avec lesquels Jean-Luc Mélenchon paradait bras dessus, bras dessous, dans les rues de Paris.

Le grand écrivain portugais Miguel Torga eut un jour la géniale intuition que « L'universel, c'est le local moins les murs. » L'insoumission à la sauce créole préfère croire que « L'universel, c'est la disparition du local et des murs. » Comme si la vie devenue liquide emportait dans son flux incessant, dont aucun obstacle ne saurait entraver le furieux débit, jusqu'aux racines les plus loin enfouies des peuples et des hommes. Et quiconque prétendrait penser à contre-courant sentira les fantômes de Barrès et de Pétain venir lui chatouiller les pieds à chaque nuit de pleine lune. Faut-il par ailleurs que Jean-Luc Mélenchon et ses sbires tiennent une épaisse couche de bêtise pour ne pas voir que cette idéologie en fait les complices objectifs de l'ordre marchand qu'ils prétendent combattre ? Tout doit disparaître ! est l'ambition commune, le slogan repris en chœur par la boutique mondialisée et l'extrême gauche. L'abolition des frontières, l'effacement de toute limite, la fluidité entendue comme mode de vie dans tous les domaines (« Vous vous changez, changez de Kelton », intimait jadis le slogan publicitaire d'une célèbre montre, « Vous vous changez, changez de sexe », décrète de nos jours la doxa wokiste), l'uniformisation des goûts, des mœurs et coutumes, leur servent de programme commun. L'éternel retour des idiots utiles. C'est également de part et d'autre de cette ligne de démarcation que se regardent en chiens de faïence deux gauches irréconciliables. Plutôt que de consentir à notre anéantissement, à notre dissolution dans un gloubi-boulga planétaire où les collégiennes se rendront en classe vêtues d'une abaya et chaussées de Nike, le philosophe Marcel Gauchet en appelle à raisonner depuis les éléments fondamentaux de notre identité :

> Nous sommes mis au défi et cela demande de comprendre les données de fond d'une situation inédite. Le minimum quand on doit affronter une adversité, c'est de savoir exactement à quoi on a affaire. Il est indispensable de se mettre au clair sur l'islam en général et sur la situation civilisationnelle qui est la sienne. Par ailleurs, nous avons à revoir notre propre histoire et à creuser le sens de notre singularité laïque.

Approfondir notre personnalité et non pas, tel le Zelig de Woody Allen, l'abandonner à qui ne demande pas mieux que de nous en déposséder. Pour rester dans le thème abordé par Marcel Gauchet, il est par exemple aussi urgent qu'indispensable de rétablir les barbelés laïcs (au sens rhétorique, s'entend) autour de l'école publique, tant celle-ci subit les tentatives d'infiltration de l'islamisme, des réactions d'hostilité à l'enseignement de la Shoah ou des origines de l'univers au refus de respecter les minutes de silence en hommage à Samuel Paty et Dominique Bernard, une guérilla d'usure dont le cheval de Troie dissimule dans ses flancs aussi bien des activistes communautaires que les insoumis de Jean-Luc Mélenchon – d'Achille, celui-ci n'est hélas que le talon, le point faible par lequel les ennemis de la France savent pouvoir nous porter un coup fatal. En d'autres temps, on qualifiait de collabo ce genre de personnage. Puisqu'il est devenu le chef d'un parti de l'étranger, infatigable promoteur d'un islamogauchisme totalement opposé à nos valeurs et traditions. Au point d'affirmer, contre toute évidence, que l'abaya n'est pas un vêtement religieux (on voudrait demander à l'ancien enfant de chœur, puisque le foutage de gueule ne connaît aucune limite, si l'aube qu'il portait durant les messes entre dans cette catégorie ou pas). Au point de juger, comme Alexis Corbières, que Samuel Paty n'avait pas bien fait son travail d'enseignant.

« La République, notre royaume de France », la formule de Péguy est passée à la postérité. « La laïcité, notre évangile républicain », pourrait-on ajouter. La laïcité, cette exception française à chérir entre toutes. La laïcité foulée aux pieds par celui qui s'en voulait autrefois le plus intransigeant gardien et dénonce aujourd'hui ceux « qui tout d'un coup se sont repeints en laïcs pour pouvoir détester avec des mots honorables la deuxième religion de ce pays et tous les musulmans de ce pays ». Il faut le dire avec quelque solennité, l'offensive sans précédent menée contre notre trésor national, la tentative de présenter la laïcité sous le jour fallacieux et funeste d'une arme dirigée contre nos compatriotes musulmans (« la laïcité n'est pas la guerre contre une religion », affirmait pourtant Mélenchon en 2017) représente un point de bascule qui emporterait tout le reste et nous plongerait dans la discorde nationale ou pire encore. Il ne peut rester sans graves conséquences de remettre en cause l'article 1er de notre constitution : « La France est une République indivisible, laïque, démocratique et sociale. » Ni de prétendre que la neutralité religieuse à l'école vaut discrimination envers une partie des élèves. En plus de Mélenchon et de ses amis, un petit milieu médiatico-intellectuel ne cesse de comploter en ce sens. Ainsi, difficile de ne pas prendre connaissance sans frémir de l'interview accordée à *Libération* en décembre 2023 par le professeur de droit public Stéphanie Hennette-Vauchez. Selon cette dernière, la neutralité religieuse dont il vient d'être question « n'est plus garante de la liberté de conscience des individus et prend désormais souvent la forme d'exclusions et d'interdictions. D'autre part, cette conception renforce l'idée d'un continuum entre des pratiques bénignes de l'islam, comme porter le voile, et le terrorisme ». Mieux encore, toujours d'après la même :

> Après 2015, il y a une concordance entre la dérive sécuritaire de la laïcité et celle de la législation antiterroriste, censée lutter contre un « ennemi intérieur ».

Chacun des mots cités suscite l'effarement – et comment peuvent-ils être reçus par une jeune fille à qui on demande d'ôter son abaya avant de franchir les portes de l'établissement scolaire, sinon comme le message qu'elle est traitée à l'égale d'une poseuse de bombes ? Et aussi d'une citoyenne persécutée pour son orientation religieuse dans la mesure où, à la différence de ce qui se passe pour le christianisme, est-il ajouté plus loin,

> Dès qu'on a un signe en lien avec l'islam, cela passe vite pour un acte prosélyte qu'il faut combattre. L'immense majorité des contentieux scolaires sur les signes religieux concerne des femmes voilées... C'est ce « deux poids deux mesures » qui aboutit à des ruptures d'égalité.

Mais pour *Libération*, ces propos sidérants ne constituent nullement le scandale du moment. Non, en ce 16 décembre 2023, le quotidien de gauche consacre sa une au fort talentueux chroniqueur Gaspard Proust, présenté comme le détestable parangon du comique réactionnaire.

Jean-Luc Mélenchon participe donc d'un grand reniement de la gauche, favorable au retour de la religion à l'école publique – avec les imams dans le rôle passé des curés. Et d'une entreprise de victimisation des musulmans de France dont il espère le retour sur investissement électoral. À n'importe quel prix. Interrogé sur la métamorphose de Jean-Luc Mélenchon « de défenseur zélé à fossoyeur de la laïcité », Marcel Gauchet fit cette réponse :

> La démagogie électoraliste a ses lois. Mélenchon a cru trouver la martingale qui lui aurait permis d'accéder au statut de grande figure historique de la gauche française, à côté des Jaurès, Blum, Mendès, Mitterrand, son vrai rêve. Que ne sacrifierait-on pas à un tel but ? Il ne doit plus être loin de se rendre compte qu'il est passé à côté, mais maintenant, il est prisonnier de son rôle.

À une autre époque, l'insoumis en chef aurait chargé en tête des hussards noirs de la République, ainsi qu'on surnommait les instituteurs de la IIIe, il n'est plus que le cavalier perdu d'une gauche en pleine déroute morale, un fuyard, un déserteur passé dans le camp ennemi avec armes et bagages. Un traître à la nation.

Un Mélenchon, ça Trump énormément

L'un des ressorts les mieux bandés du mélenchonisme est un antiaméricanisme primaire, détestation partagée avec ses frères de pensée sud-américains – la seule mention des États-Unis fait venir à ses lèvres un flot d'écume, de la même manière que la bave montait aux babines du chien de Pavlov dès que retentissait la cloche lors des célèbres expériences du médecin russe. Aussi est-il très ironique de voir Jean-Luc Mélenchon s'inspirer de plus en plus ouvertement de Donald Trump, dont il a entre autres adapté pour la France le concept de « vérité alternative ». Un concept qui donne sa pleine puissance pour peu qu'on l'applique à l'antisémitisme et à l'islamogauchisme, les deux mamelles de la France insoumise.

Le tour de passe-passe idéologique consista tout d'abord à user de la réalité comme d'une scène de théâtre dont on peut aisément changer le décor, au prix de quelques manipulations par des accessoiristes compétents. Jean-Luc Mélenchon fit ainsi savoir à la jeunesse des cités que la banlieue de sa vie quotidienne n'était qu'un trompe-l'œil, une illusion. Un simple panneau qu'il suffisait de faire coulisser pour révéler une terre jumelle de la bande de Gaza. Abracadabra ! On ne se trouvait plus à Saint-Denis, mais à Ramallah, il ne fallait plus parler d'habitants des quartiers sensibles, mais de Palestiniens (sinon de sang, du moins de condition) opprimés par un pays qui n'était donc plus la France, mais l'équivalent d'Israël en plus grand. Un pays qui avait colonisé les grands-parents et n'accordait aux petits-enfants qu'une citoyenneté de deuxième zone. Et jeter des pierres dans la vitrine d'une boutique Nike faisait du pillard le frère d'armes des combattants de l'intifada. Et du plus vulgaire délinquant un militant anticolonial.

L'inénarrable Camélia Jordana, l'une des accessoiristes les plus dévouées du metteur en scène Mélenchon, expliqua que l'angoisse d'un banlieusard au moment de prendre le métro valait bien celle d'un Palestinien au moment de franchir un checkpoint de l'armée israélienne. Que le bilan des violences policières, ou plus exactement le nombre de personnes « qui se font massacrer pour nulle autre raison que leur couleur de peau » chaque jour par les forces de l'ordre, n'avait rien à envier aux statistiques du conflit israélo-palestinien. Autre changement de décor instantané, autre coproduction théâtrale entre les insoumis et Camélia Jordana : l'affaire Traoré. Le drap peint aux couleurs d'une rue de Beaumont-sur-Oise s'effondra pour laisser apparaître les gratte-ciel de Minneapolis, sous le masque d'Adama Traoré se reconnaissait George Floyd. Ici, c'était là-bas. Peu importait dès lors que le second ait été menotté et neutralisé au moment de son décès tandis que le premier fuyait les gendarmes venus interpeller son frère. Et le non-lieu prononcé à l'endroit de ceux-ci ne changeait rien non plus à l'affaire. Quelques menues incohérences du scénario ne sauraient ruiner la magie du spectacle[1]. Ou dissuader Camélia Jordana de prêter son nom à l'exploitation cinématographique du fait divers. *Avant que les flammes s'éteignent* de Mehdi Fikri figure au nombre des pires fours de l'histoire du cinéma français, ce que l'actrice principale attribua à un complot de l'extrême droite. Dont on ignore

1. Ni ternir l'aura du jeune premier dont un ex-codétenu à la prison d'Osny obtint du tribunal de Pontoise une indemnité en réparation des multiples viols que lui avait infligés Adama Traoré sous la menace d'une fourchette.

trop souvent que *Libération* et *Le Monde* sont les organes officiels, l'un et l'autre se montrant fort sévères envers le film. En plus du décor, il faut parfois changer les comédiens ou les faire jouer à contre-emploi pour que le réel s'incline devant les délires d'interprétation.

Aussi spectaculaires soient-ils, ces soudains effets de substitution à la Georges Méliès (à la suite d'une brève panne de caméra, le cinéaste vit « subitement un omnibus changé en corbillard et des hommes changés en femmes », ce trucage involontaire devenant ensuite sa marque de fabrique), se révéleraient insuffisants à maintenir une vérité alternative si celle-ci n'était brandie à tout propos et en toute occasion. À quoi s'emploie jour et nuit Jean-Luc Mélenchon en personne ou par délégation. Exemples suivent.

Le 7 octobre 2023, des hordes terroristes du Hamas se livrent au massacre de 1 200 personnes dans le sud d'Israël, commettent d'innombrables actes de barbarie. Dans le monde parallèle de la France insoumise, celui de la vérité alternative, « le Hamas est un mouvement de résistance », selon Danièle Obono, Jean Moulin exécutait des nourrissons, le général de Gaulle éventrait des femmes enceintes.

Lors du pogrom dont il vient d'être question, quantité de témoignages et de documents, parmi lesquels des images tournées par les assaillants eux-mêmes, attestent l'ampleur et l'abomination du carnage. Dans le monde parallèle de la France insoumise, celui de la vérité alternative, « le bébé dans le four, ça a été fait par Israël, la maman éventrée, ça a été fait par Israël », selon David Guiraud. Où et quand cela ? Lors des massacres dans les camps de Sabra et Chatila en 1982, précise-t-il. Dans le monde parallèle de la France insoumise, celui de la vérité alternative, ce ne sont pas des milices chrétiennes qui ont agi cette fois-là, ainsi que cela est hélas connu de tous, mais l'armée israélienne.

Le 17 octobre 2023, une roquette tirée par le Jihad islamique, groupe armé palestinien allié du Hamas, tombe par erreur sur l'hôpital Al-Ahli à Gaza. Dans le monde parallèle de la France insoumise, celui de la vérité alternative, « l'armée israélienne a bombardé un hôpital », selon Mathilde Panot, et « Israël a fait le choix conscient de massacrer des familles. On compte déjà 500 morts », selon son collègue LFI Thomas Portes. Non, plutôt 800, selon Hadrien Clouet, autre député insoumis. Les renseignements européens situent le nombre de victimes entre 10 et 50. Le tweet alternatif de Mathilde Panot n'a toujours pas été effacé du fil de son compte X (ex-Twitter), il continue de flotter dans cette réalité seconde que les insoumis s'efforcent de substituer au monde visible.

Le 12 novembre 2023, 182 000 personnes défilent dans le calme en France contre l'antisémitisme, pas un drapeau israélien en vue, mais des centaines de pancartes « Marchons pour la République, luttons contre l'antisémitisme ». Dans le monde parallèle de la France insoumise, celui de la vérité alternative, « les amis du soutien inconditionnel au massacre ont leur rendez-vous », selon Jean-Luc Mélenchon, et le rassemblement est un échec.

Le patron des insoumis refuse donc de venir manifester en soutien des milliers de Français juifs victimes d'actes antisémites ou, plus nombreux encore, qui vivent dans l'angoisse d'en être les prochaines cibles. Dans le monde parallèle de la France insoumise, celui de la vérité alternative, Jean-Luc Mélenchon « se sent abandonné par la communauté juive après l'avoir défendue toute sa vie ».

Le 16 juillet 2023 marquait le quatre-vingt-unième anniversaire de la rafle du Vel' d'Hiv', quand 13 000 juifs (dont un tiers d'enfants) furent arrêtés avant d'être déportés à Auschwitz. Dans le monde parallèle de la France insoumise, celui de la vérité alternative, le 16 juillet 2023 est le jour où Jean-Luc Mélenchon déclara à propos de

Yonathan Arfi, président du Conseil des institutions juives de France (CRIF) : « L'extrême droite n'a plus de limite. »

Dans le monde parallèle de la France insoumise, celui de la vérité alternative, comme dans le *1984* de George Orwell[1] « La guerre c'est la paix, la liberté c'est l'esclavage, l'ignorance c'est la force. »

1. George Orwell, *1984*, Secker & Warburg, 1949.

« La réalité n'a pas besoin de moi »

À rebours du célèbre vers de l'immense auteur portugais, le patron des insoumis fait incessamment savoir qu'il n'a pas besoin de la réalité. La secte de la Vérité alternative, placée sous la houlette du Sâr Mélenchon, s'adresse à deux publics en principe incompatibles : la population des quartiers islamisés et les milieux gangrenés par l'autre idéologie en vogue, celle du wokisme. Tous deux partagent une seule conviction, mais suffisante pour nouer une alliance temporaire : toute prétendue réalité n'est qu'une construction, un leurre édifié par les dominants pour continuer de régner *ad vitam aeternam* sur les dominés. Le wokisme, l'islamisme et le mélenchonisme se présentant comme trois variantes du totalitarisme, on ne saurait s'étonner de la filiation ici repérable avec le léninisme et sa distinction entre « démocratie réelle » et « démocratie formelle ».

Seule la dictature d'une minorité éclairée par Allah, Mélenchon ou Judith Butler mènera vers une société basée sur d'authentiques principes de justice, loin des billevesées de l'ordre bourgeois.

En attendant, faire justice de tous les faux-semblants. Non, les musulmans de France ne sont pas les libres citoyens d'un libre pays, mais les victimes d'un apartheid qui ne dit pas son nom, condamnées à la relégation à perpétuité dans des ghettos abandonnés par la République, les frères de souffrance d'un Sud global tyrannisé par les Blancs du Nord, une catégorie dans laquelle on fera entrer les juifs pour plus de commodité. Persécutés par les escadrons de la mort d'un État fasciste. On recense, pour l'année 2022, 67 faits de règlements de compte et 235 faits de meurtres et tentatives de meurtres liés au trafic de drogue, chiffres en forte augmentation dans les statistiques provisoires de 2023. Dans le monde parallèle de la France insoumise, celui de la vérité alternative, « la police tue ».

Non, la biologie ne dit rien de l'identité d'un individu, pas davantage que la génétique, toute science est d'ailleurs à jeter au panier (même 2 + 2 = 4 relève d'une construction viriliste et patriarcale), ce fatras rationnel faisant obstacle à l'expansion d'une pensée magique selon laquelle quiconque peut devenir homme ou femme (ou table ou chien) par le seul effet du verbe et de l'humeur du moment. Et gare aux blasphémateurs de cette nouvelle religion, puisque le « mégenrage », soit le fait de désigner une personne par un genre qui ne correspond pas à son identité de genre, est désormais puni par la loi. Et donne parfois matière à un nouvel humour de situation, comme dans cette vidéo où un grand escogriffe barbu s'en prend physiquement à une frêle enseignante, à laquelle il reproche d'une profonde voix de basse de l'avoir appelé « monsieur ». Sempé en aurait sans doute tiré l'un de ses meilleurs dessins. Il n'est là non plus pas besoin de chercher bien loin les origines totalitaires de ces délires contemporains. On les trouvera chez le pseudo-scientifique Trofim Lyssenko, fondateur d'une génétique soviétique, par opposition à la « génétique bourgeoise », qui affirmait, entre autres bouffonneries un temps gravées dans le marbre des manuels scolaires de son pays, pouvoir changer une espèce en une autre ou appliquer aux plantes une « rééducation socialiste ». Les sceptiques furent envoyés au goulag sur ses ordres. Il lègue à l'histoire de l'imposture le « lyssenkisme », dont la définition correspond au mot près à celle du wokisme : « Une science corrompue par l'idéologie, où les faits sont dissimulés ou interprétés de manière scientifiquement erronée. »

Jean-Luc Mélenchon s'appuie donc sur ces deux groupes d'individus égarés dans le métavers de son invention, dans la réalité virtuelle du clientélisme. Plus dure sera la chute quand les uns et les autres se retrouveront en présence, puisque tout les sépare et les oppose, plus dure sera la chute, aussi dure que celle des homosexuels défenestrés par le Hamas dans la bande de Gaza. Des limites de l'intersectionnalité.

Tous ceux qui se sont risqués à vouloir déchirer le voile de l'illusion afin de retourner vivre dans le monde réel ont été évincés par le Sâr Mélenchon. Comme dit précédemment, tel fut le cas de Georges Kuzmanovic, membre du Parti de gauche dès sa création et conseiller de Jean-Luc Mélenchon sur les questions internationales au sein de la France insoumise. Sa faute ? Avoir décrit ce que toute personne de bonne foi voyait, à condition d'ôter le casque de réalité augmentée qui transforme tout musulman en victime d'un État fasciste et néocolonial :

> Le choix de ne s'appuyer, parmi les classes populaires, que sur « les quartiers » a amené la FI à laisser s'installer une approche quasi communautariste, proche du modèle anglo-saxon et profondément contraire au républicanisme français. La complaisance des segments gauchistes de la FI

à l'égard des thèses indigénistes, le mépris affiché pour les forces de l'ordre, la négation du problème posé par l'islamisme et le refus de regarder en face les défis posés par l'immigration ont produit des ravages dans notre électorat potentiel, faisant apparaître la FI comme la vieille gauche à peine repeinte, coupable du même angélisme, incapable de réalisme et de fermeté.

Et d'aggraver son cas en dénonçant la substitution du transsexuel au prolétaire parmi les grandes figures de gauche :

> Cette ligne de la « gauche rassemblée », insistant sur l'intersectionnalité et la non-hiérarchisation des luttes – c'est-à-dire le refus de faire primer le social sur le sociétal – a conduit le mouvement à s'abîmer dans des combats secondaires, voire marginaux. Ainsi, pour donner un exemple, si l'immense majorité des Français soutiennent la lutte pour l'égalité entre les hommes et les femmes, la plupart d'entre eux comprennent que les priorités, dans ce domaine, renvoient à l'égalité salariale, à la réduction de la pauvreté féminine, à l'éradication des violences dont les femmes sont victimes ; et non à l'écriture inclusive.

Beaucoup était dit ici, non par une hyène fasciste, mais par un militant précisément resté fidèle aux idéaux que Jean-Luc Mélenchon et un petit cercle d'affidés foulaient aux pieds dans l'espoir de racler les fonds d'urnes électorales dans quelques territoires perdus de la République.

Interdiction de proclamer que le roi est nu, ainsi que put le vérifier un groupe de militants de la France insoumise baptisé « JR Hébert », proprement effacé par le parti pour avoir organisé un débat sur « l'entrisme musulman dans le mouvement syndical ». Et peu importe que la dénonciation d'une emprise toujours plus forte de l'islam politique et du communautarisme dans le 18e arrondissement ait été le fait de militants algériens qui avaient vu les mêmes fléaux gangrener leur pays d'origine avec les tragiques résultats que l'on sait. Pressions, menaces, disparition.

Chikirou est petite, mais c'est mon amie…

Chez la France insoumise, le concept de vérité alternative s'étend au domaine privé et même à la sphère intime. Le 16 octobre 2018, les officiers de police venus perquisitionner dès potron-minet le domicile de Jean-Luc Mélenchon dans le cadre d'une enquête sur les comptes de la campagne présidentielle de 2017 tombent sur Sophia Chikirou en petite culotte au milieu de l'appartement. Dans le monde parallèle de la France insoumise, celui de la vérité alternative, cette femme n'est pas la compagne de l'insoumis en chef, mais une militante à laquelle il n'a eu d'autre choix que d'offrir l'hospitalité puisqu'elle avait laissé passer l'heure du dernier métro. Et que celui qui n'a jamais pécho lui jette la première pierre.

Dans le monde parallèle de la France insoumise, celui de la vérité alternative, cette relation sentimentale de longue date ne regarde que les intéressés et sa publicité ne revêt pas le moindre caractère d'intérêt public. Dans le monde réel, Sophia Chikirou fut à la fois directrice de la campagne de Jean-Luc Mélenchon et prestataire de cette même campagne par l'intermédiaire de sa société Mediascop. Sophia a donc accordé non pas sa main, mais ses deux mains à Jean-Luc, celle de l'amoureuse de sa personne comme de ses idées, et celle de la femme d'affaires. L'argent passant ainsi plus aisément de la seconde à la première. Évoquer un conflit d'intérêts serait typique d'un esprit étriqué, d'une vision petite-bourgeoise des faits.

Dans le monde parallèle de la France insoumise, celui de la vérité alternative, Mediascop mène une bouillonnante activité de conseil auprès de nombreux clients. Dans le monde réel, celui d'un rapport des experts-comptables mandatés par la justice :

> La quasi-totalité des chiffres d'affaires réalisés se rattachent à la personne de M. Mélenchon ainsi qu'à des entités et-ou liées au parti politique LFI et à des sociétés liées en tout ou partie à Mme Sophia Chikirou.

Dans le monde parallèle de la France insoumise, celui de la vérité alternative, les salariés de Mediascop acceptaient d'être sous-payés par militantisme. Dans le monde réel, leurs prestations furent facturées au prix fort (et même surfacturées, soupçonnent les enquêteurs) au candidat Mélenchon, tandis que selon une expertise judiciaire, en plus d'un salaire confortable, « Sophia Chikirou s'est versée à elle-même la quasi-totalité des bénéfices de la campagne de 2017 en primes et dividendes. » Dans l'émission « Complément d'enquête », un des anciens employés de Mediascop témoigna en ces termes :

> On a accepté de faire des sacrifices en termes de niveau de vie, en termes de santé, pour se rendre compte qu'en réalité on avait servi à permettre à Sophia Chikirou de s'enrichir.

Mais où se croit-il, celui-là ? Dans le monde réel ?

Dans le monde parallèle de la France insoumise, celui de la vérité alternative, Sophia Chikirou devait contribuer bénévolement à la création du Média, webtélé d'obédience insoumise. Dans la réalité, la susnommée a elle-même signé deux chèques à son nom pour des montants respectifs de 64 000 et 67 000 euros.

Dans le monde parallèle de la France insoumise, celui de la vérité alternative, Sophia Chikirou avait convenu d'un rendez-vous avec les responsables du Média pour acter leur rupture et récupérer ses affaires personnelles. Dans le monde réel, son bureau a été nuitamment vidé, des documents ont disparu. Aucune trace d'effraction n'a été relevée.

Dans le monde parallèle de la France insoumise, celui de la vérité alternative, l'association Politique à gauche, dédiée à la promotion des idées mélenchoniennes, a effectué directement sur le compte de Sophia Chikirou un versement de 4 500 euros pour financer l'écriture d'un livre sur Bernie Sanders. Dans le monde réel, le livre n'a jamais vu le jour et la somme n'a jamais été remboursée.

Dans le monde parallèle de la France insoumise, celui de la vérité alternative, les militants du 20e arrondissement parisien devaient voter pour investir leur candidat aux élections législatives. Dans le monde réel, Sophia Chikirou leur fut imposée – ainsi qu'aux partis partenaires de LFI au sein de la NUPES.

Dans le monde parallèle de la France insoumise, celui de la vérité alternative, Sophia Chikirou défend les minorités sexuelles. Dans le monde réel, elle réagit en ces termes à la demande des journalistes du Média de rectifier la fake news relative au décès d'un étudiant de Tolbiac lors de l'évacuation de l'université en 2018 : « Ils le font, ils le signent et se le mettent dans le cul bien profond. Cette bande de tafioles de merde. »

Dans le monde parallèle de la France insoumise, celui de la vérité alternative, le parti défend la cause des femmes, combat les violences de toutes sortes faites à ces dernières. Dans le monde réel, Sophia Chikirou répand la bonne parole sous forme d'une circulaire à l'intention des membres du groupe parlementaire LFI :

> Adrien (Quatennens) n'a pas commis de violences répétées, et il n'est jugé que pour une gifle. Ce n'est pas un homme violent, mais un homme pris dans un divorce difficile. Il doit pouvoir revenir car il faut une graduation dans les sanctions.

Et organise l'interview en forme de disculpation publique d'Adrien Quatennens sur BFM TV, une performance ainsi résumée par deux membres du parti :

> C'est un vrai manuel de pédagogie antiféministe déroulé pendant une heure. Et c'est Sophia qui a donné ces éléments de langage à Quatennens. C'est pitoyable.

Dans le monde parallèle de la France insoumise, celui de la vérité alternative, tout va très bien, Madame la marquise. Dans le monde réel, le Club des juristes estime que « Sophia Chikirou pourrait bien être mise en examen pour escroquerie aggravée. »

La Fin pour Mélenchon ?

Jean-Luc Mélenchon et Sophia Chikirou se sont bien trouvés. Même cynisme, même brutalité des paroles et des actes, même goût de l'argent sous couvert d'une guerre contre les riches, même parcours politique sinueux jusqu'à trouver la bonne niche et le bon fromage, errance plus marquée encore du côté de l'insoumise, laquelle sollicita par le passé l'investiture du PS, puis celle de l'UMP ! Le couple exerce la même dictature sur son parti que les défunts époux Ceausescu sur la Roumanie du siècle dernier. Un totalitarisme sans le goulag, dirait Mathieu Bock-Côté. Toute contestation du comportement tyrannique et des agissements pour le moins douteux de Sophia Chikirou donne lieu à l'éviction de l'impudent, à des purges qui n'épargnent pas même des affidés de longue date. Chez les nouveaux révolutionnaires, c'est de s'en prendre à Marie-Antoinette qui mène à l'échafaud :

> Elle est détestée par tout le monde, dit une autre voix de l'intérieur dans « Complément d'enquête ». Les gens ont peur d'elle, et comme elle est terrorisante, elle passe son temps à gueuler sur les gens. Et les gens ne disent rien, parce qu'en fait, il y a Jean-Luc derrière. Ils ont un rapport tout à fait monarchique.

Un de ses compagnons de lutte renchérit : « On l'appelle la Reine Mère. »

Jean-Luc Mélenchon et Sophia Chikirou pourraient bien se perdre l'un l'autre. Pour des histoires de gros sous, pour un mélange des genres entre les affaires du cœur et les affaires tout court. On pourra en ce cas certes regretté que la sanction ne se situe pas sur le plan politique, après que des millions d'électeurs, captifs de réflexes communautaires, aveuglés par l'idéologie ou égarés par l'ignorance, se sont détournés d'un projet funeste pour le pays tout entier. Mais après tout, Al Capone est tombé pour fraude fiscale et Claudine Gay, présidente d'Harvard, non point pour ses propos ahurissants sur l'antisémitisme, mais pour plagiat. On s'en contenterait volontiers, ne serait-ce qu'au nom de la morale.

En attendant, il faut prendre conscience de la gravité de la situation. Car nous ne connaissons pour l'heure que la cause des relatifs succès de la France insoumise : un effondrement moral, politique et intellectuel de la gauche. Une variante de bêtise assez épaisse pour que des militants LGBT défilent en soutien du Hamas, un mouvement terroriste dont le programme prévoit l'instauration de la charia et l'élimination par les moyens les plus violents de toute sexualité jugée déviante, une organisation criminelle qui leur a pourtant délivré un message aussi limpide que personnel en s'attaquant sous forme de pogrom à la jeunesse d'une rave party. Pour prendre comme boussoles de la liberté toutes les dictatures contemporaines, de la Russie au Venezuela. Pour réclamer la libération du terroriste libanais Georges Ibrahim Abdallah tout en arrachant les affiches demandant celle des otages français détenus à Gaza. Pour applaudir les intrigues usées jusqu'à la corde du petit théâtre antifasciste ou la représentation donnée par Mathilde Panot et d'autres comédiens de la troupe LFI : quelques heures passées sous une tente de sans-abri après s'être tapé la cloche dans une brasserie du coin et avant de regagner un appartement bien chauffé. Pour demander d'accueillir, à bras ouverts et domiciles personnels fermés, toujours plus de migrants, que l'on retrouvera dans des campements de fortune sous le métro aérien ou le long du périphérique. Qui viendront aggraver les statistiques de la criminalité, soit en qualité de délinquants, soit en qualité de victimes, soit des deux à la fois. Pour nier l'écroulement de l'école publique tout en plaçant sa descendance sous la protection de quelques établissements d'élite ou sous celle de l'enseignement privé. Pour avoir le mot liberté plein la bouche, tout en signant à tour de bras des pétitions réclamant l'annulation de tel ou tel. Pour exiger, dans une tribune signée par 1 200 acteurs de la scène culturelle, où la boursouflure de l'expression le dispute à la rage des médiocres, que le grand écrivain Sylvain Tesson soit déchu de son parrainage du Printemps des poètes 2024 – au motif qu'il serait l'auteur d'une préface au *Camp des saints*[1] de Jean Raspail, une préface qui n'a d'autre existence que dans leur pauvre imagination. Les censeurs soviétiques ou albanais du passé totalitaire se montraient du moins professionnels dans la persécution des écrivains. Pour avoir l'autre mot de culture toujours au bord des lèvres, tout en exigeant de réécrire les œuvres du passé selon les critères moraux de notre époque. Pour proposer

1. Jean Raspail, *Camp des saints*, Robert Laffont, 1973.

de remplacer la misogynie par la misandrie. Pour voir dans le film *Barbie* une œuvre féministe et anticapitaliste sous le placement massif de produits et la relance des ventes de la célèbre figurine, pourtant promise à un irrémédiable déclin puis à la disparition en même temps que tous les vestiges d'un ordre patriarcal honni – non seulement ses mensurations irréelles valaient exclusion des neuf dixièmes du beau sexe, mais les petites filles poussaient l'aliénation jusqu'à la préférer aux camions de pompiers et perpétuaient ainsi les clichés de genre. Pour écrire dans *Libération*, à propos de la ressortie du *Husbands* de John Cassavetes : « Un film de mecs qui surexpose dans un grand déballage les affres du masculin, une étude dont il faut voir comment elle a plus ou moins bien vieilli sous les projecteurs de #MeToo », puisqu'une œuvre ne possède désormais plus d'autre valeur que celle attribuée par les nouvelles dames patronnesses et le syndicat des grenouilles de bénitier. Pour exiger l'inscription de l'IVG dans la Constitution au nom de la liberté des femmes à disposer de leur corps tout en militant pour la légalisation de la GPA, qui n'est rien d'autre que l'exploitation du corps de femmes pauvres par des hommes riches. Pour continuer de préférer avoir tort avec Sartre que raison avec Aron, phrase la plus conne de tous les temps. C'est bien cela, à la droite la plus bête du monde a succédé la gauche la plus conne du monde. Et la plus dangereuse, aussi. Car nous ne connaissons pas encore les conséquences d'un véritable succès de la France insoumise. Du triomphe paradoxal d'un parti de l'étranger inspiré par l'islamogauchisme, une idéologie opposée en tout point aux traditions et aux valeurs françaises. Paradoxal, dans la mesure où il ne saurait passer par les urnes, mais par la phase insurrectionnelle que déclencherait l'élection de Marine Le Pen à la présidence de la République, portée à l'Élysée par une majorité d'électeurs que les outrances de Jean-Luc Mélenchon auront poussés dans ses bras. Une guerre civile serait alors des plus probable. Elle opposerait les forces républicaines à une coalition de Robespierre au petit pied, de casseurs gauchistes, de nervis banlieusards, de petits-bourgeois en mal de sensations fortes et d'une frange de la population entretenue depuis des dizaines d'années dans l'idée qu'elle subit une oppression dont l'horreur surpasse l'Apartheid et l'extermination des Indiens d'Amérique. Jean-Luc Mélenchon et ses sbires n'ont cessé d'applaudir les exactions des uns en refusant de condamner tant les pillages de magasins que les incendies d'écoles et de bibliothèques. Et d'encourager le séparatisme des autres en leur prêchant sur tous les tons qu'ils étaient les victimes d'un État raciste et colonial, d'une police qui tue, en se montrant prêt à toutes les compromissions avec l'islam politique, en important à toute force sur notre sol le conflit israélo-palestinien. Entre le funeste 7 octobre 2023 et le mois de février 2024, le député LFI David Guiraud avait consacré 70 % de ses publications sur les réseaux sociaux à cette guerre, c'était 40 % pour son collègue Thomas Portes, lequel n'avait traité de la circonscription dont il est le représentant que dans un message sur dix (moins encore pour David Guiraud). Le reste du monde (Ukraine, Russie, Soudan, Yémen, Chine, Taïwan...), censé intéresser ces membres de la commission des affaires étrangères de l'Assemblée nationale, n'apparaissait que dans 6 posts pour toute l'année 2023, contre 800 sur Israël-Palestine en à peine cent jours.

Les fantasmes rances d'une gauche confite dans le souvenir idéalisé, ou pour mieux dire trafiquer, de la Révolution française, la fascination pour la violence, la haine de la République, la complicité avec l'islam radical, un équilibre mental incertain et la logique de boutique – tel est le cocktail explosif du mélenchonisme. Le chaos, tel est le programme. Il n'est pas encore trop tard pour éviter le pire, pour étouffer dans l'œuf une formidable entreprise de régression et de destruction des bases fondamentales de l'identité française, menée par une poignée de démagogues et soutenue par des milliers d'idiots utiles au sein des élites médiatico-intellectuelles. Pour s'opposer par tous les moyens de l'intelligence, de la raison et de toute la force d'une certaine idée de la France à des ennemis de l'intérieur qui n'ont de cesse d'abaisser tous les ponts-levis et d'agiter tous les drapeaux blancs de la reddition afin que nous submergent les ennemis de l'extérieur, les islamistes du Sud, les wokistes de l'Ouest, les tyrans de l'Est et tous ceux qui ne perdent jamais le nord d'une commune obsession : la destruction de notre civilisation. La cancel culture appliquée à une culture millénaire. Notre disparition.

Les loups sont entrés dans Paris, il est temps de les en chasser.

Table des matières

Composition et mise en pages
Nord Compo à Villeneuve-d'Ascq

Cet ouvrage a été imprimé sur Roto-Page
par l'Imprimerie Floch
à Mayenne

pour le compte des Éditions Fayard
13, rue du Montparnasse, 75006 Paris
info-fayard@editions-fayard.fr
en novembre 2025

PAPIER CERTIFIÉ

fayard s'engage pour
l'environnement en réduisant
l'empreinte carbone de ses livres.
Celle de cet exemplaire est de :
300 g éq. CO_2
Rendez-vous sur
www.fayard-durable.fr

N° éditeur : 31.0591.5/03 – N° d'impression : 108124
Imprimé en France